Don Gil de las calzas verdes

European Masterpieces
Cervantes & Co. Spanish Classics Nº 68

Founding Editor: Tom Lathrop
Cervantes Society of America

General Editor: Matthew Wyszynski
University of Akron

TIRSO DE MOLINA

Don Gil de las calzas verdes

Edited and with notes by

ESTHER FERNÁNDEZ RODRÍGUEZ

Cervantes & Co.

NEWARK 🦎 DELAWARE

© 2013 by LinguaText, Ltd.
European Masterpieces
An imprint of LinguaText, Ltd.
103 Walker Way
Newark, Delaware 19711 USA
(302) 453-8695
Fax: (302) 453-8601

www.EuropeanMasterpieces.com

MANUFACTURED IN THE UNITED STATES OF AMERICA

ISBN: 978-1-58977-099-7

EUROPEAN
Masterpieces

To Chris

Table of Contents

Acknowledgments

I would like to thank my colleagues at Sarah Lawrence College, Cornell University, the Centro de Doumentación Teatral (INAEM), while singling out Jason Yancey for allowing me to use photographic stills from his innovative production of *Don Gil de las calzas verdes*. Special thanks go to Julia Loveless, Will Corral, Adrienne Martín, and to my family, whose unstinting help, generosity, and patience were key to completing this edition. I also thank Vern G. Williamsen for allowing me to use his digital version from the resourceful Association of Hispanic Classical Theater (AHCT) website, to Michael Bolan and Tom Lathrop for extending me the opportunity to edit a favorite play and giving me feedback throughout this whole editorial process. Last but not least, I am profoundly indebted to Chris Garces for his inspiration and unconditional support.

Introduction to Students

> ¡Estas chicas de Tirso, estas chicas...! Tan atrevidas, tan co-
> quetas, tan listas, tan modernas... y tan ambiguas! Cuando
> las mujeres de nuestro teatro barroco se vestían de hombres
> es porque sabían que muy pronto—sólo había que esperar
> trescientos años—iban a llegar los pantalones vaqueros con
> cremallera.
>
> —ADOLFO MARSILLACH (Artistic Director)

1. GABRIEL TÉLLEZ (TIRSO DE MOLINA): LIFE AND WORKS

Gabriel Téllez, known to the world by his pseudonym "Tirso de Molina," was born in Madrid on March 24th 1579. Four days later, he was
baptized at the parochial church of San Sebastián, the same place
where Lope de Vega was later buried in 1635. Both of Tirso's parents
worked as servants of don Pedro Mejía Tovar, Count of Molina. At
the age of eleven, Tirso enrolled at the Merced monastery of Madrid,
located in the area known today as the Plaza de Tirso de Molina. A
year later, he took his vows before the Commander Fray Baltasar Gó-
mez in the Merced monastery of Guadalajara.[1] From 1601 to 1606, he
alternated residence between Guadalajara and the monastery of Santa
Catalina in Toledo until he became Vicar of the Merced monastery in
Soria in 1608. From very early on, he began to combine his religious
life with his talents as a playwright. Indeed, *Don Gil de las calzas verdes*
premiered in 1615 at Toledo's Mesón de la fruta. The play, however,

---

1 The *Orden Real y Militar de Nuestra Señora de la Merced y la Redención de los
Cautivos*, also known as the *Orden de la Merced* was founded by San Pedro Nolasco
in 1218. At the time of Tirso, it was a Catholic religious order that in addition to
swearing vows of poverty, obedience and chastity, pledged to free captive Christians
from the hands of Muslims.

would not be published for another twenty years when it was released in the *Cuarta parte de las comedias del maestro Tirso de Molina* (1635).

In 1616 Tirso embarked from the port of San Lúcar de Barrameda, northwest of Cádiz, bound for La Española—today the Dominican Republic—where he spent a year teaching courses in Theology and preaching about the Immaculate Conception. While there, he secured the important position of *Definidor General*—a high-ranking manager and governor—of his religious order. His experience in the West Indies allowed him to see with his own eyes the situation in the New World and proved essential to his writing of the *Triología de los Pizarro* (1626-1629).[2] Upon his return to Spain he temporarily resided in Guadalajara, but shortly after moved to Segovia where he remained until 1619, all the while maintaining a hectic travel schedule throughout the Peninsula. Between 1619 and 1620, he settled in Madrid and made the most of his stay by immersing himself in the literary and cultural life of the court. It is precisely in 1624 when Tirso's first collection of miscellaneous writings is published: *Los cigarrales de Toledo*; a series of narratives inspired by the structure of Giovanni Boccaccio's *Decameron;* and his play, *El vergonzoso en palacio.*

In 1625, the *Junta de Reformación*[3] prohibited Tirso from continuing to write secular plays, and in punishment, he was banished from Madrid and even threatened with excommunication.

As Mariano Pallarés Navarro points out, the transgressive nature of Tirso's plays is due to their erotic content:

> Esto, repito, no implica que Tirso fuese un maniático sexual ni tampoco que sus obras estuviesen desprovistas de otros valores de muy diferente índole. Tirso, como sus contemporáneos, siguió las normas impuestas por Lope de Vega en su *Arte nuevo*, las cuales

---

2   Dramatic trilogy composed by three plays—*Todo es dar una cosa, Amazonas en las Indias* and *La lealtad contra la envidia*—all of which are based on the figure of Francisco Pizarro and his two half-brothers: Gonzalo and Hernando (or Fernando), all of whom were prominent in the conquest of present-day Peru.

3   Felipe IV created the *Junta de Reformación* in 1623 with the intention of preparing the *Capítulos de Reformación* to amend the bad habits and vices found within the Kingdom of Spain.

admitían la unión de lo trágico y lo cómico y de lo intelectual a lo banal. De ahí que muchas de las obras de Tirso estén saturadas de pasajes tremendamente eróticos al mismo tiempo que muestran una consciencia metafísica, como, por ejemplo *El burlador*". (6-7)

[This, I repeat, does not imply that Tirso was a sexual maniac or that his works were bereft of other values. Like his contemporaries Tirso followed the norms imposed by Lope de Vega in his *Arte nuevo,* which admitted the union of the tragic and the comic, the intellectual and the banal. That is why many of Tirso's works are saturated with tremendously erotic passages, at the same time that they exhibit a metaphysical conscience, like in *El burlador.*][4]

As a result, Tirso fled from the Court and traveled to Sevilla and Córdoba. In 1626 he was chosen to be Commander of the Merced monastery of Trujillo, a position he held for three years. It is in Seville that the *Primera parte* of his plays was published in 1627, and a year later, his seminal drama *El burlador de Sevilla y convidado de piedra* followed.

In 1632, his second collection of miscellaneous writings, *Deleitar aprovechando,* was published and in the same year, Tirso was named *Cronista General de la Orden*—charged with writing the *Historia general de la Orden de la Merced,* which was completed by 1639. The *Tercera parte* of his plays appeared in 1634, followed by the *Segunda y Cuarta parte* in 1635 and the *Quinta parte* in 1636. A year later, Pope Urban VIII bestowed upon Tirso the prestigious rank of *Maestro de la Orden,* the highest authority of the religious order. After a brief time in exile, Tirso settled in Cuenca and in Toledo until he was sent to the Merced monastery of Soria to serve as Commander. After one of his travels to Madrid, he fell ill and was transfered to the monastery of Almazán, where he died on February 20, 1648.

For Alonso Zamora Vicente, Tirso's life doesn't have any particularly thrilling episodes:

---

4 All subsequent translations are mine except where noted otherwise.

[...] digámoslo pronto y aprisa, se trata de una biografía que no tiene hitos de deslumbrantes acaeceres o de llamativas actividades. [...] La vida de Tirso es sin más, la de un fraile sagaz y consciente de sus creencias, que cumple dignamente con los cometidos que su Orden le encarga, que desempeña puestos importantes en su regla y que, además, escribe. Y que deja de escribir cuando las circunstancias se lo aconsejan u ordenan. (8)

[Let us say it promptly and quickly, we are dealing with a biography that lacks milestones of dazzling events or attractive activities [...] Tirso's life is nothing more than that of a shrewd friar conscious of his beliefs, who occupies important positions in an orderly fashion, and who also writes. And when circumstances oblige or order him, he stops writing.]

Indeed, a biographical summary like Zamora Vicente's reflects, essentially, an existence unmarked by abrupt changes, one that is constantly swaying between the callings of two vocations, that of playwright and that of a religious man.[5]

As far as his theoretical values as a playwright, Tirso occupies an intermediary position between Lope de Vega (1562-1635) and Calderón de la Barca (1600-1681)—he acts as the artistic bridge between the imaginative richness and continuous action inherent in Lope's *comedia nueva* and the development of intricate plotlines used by Calderón. Although Tirso never wrote a manifesto that detailed his stance as a playwright, his ideas may be found scattered throughout his various works, in *Los cigarrales de Toledo* (1624), *Deleitar aprovechando* (1635), *Historia General de la Orden de la Merced* (1639), and *El vergonzoso en palacio* (1606-1612), among others.

---

5 As the playwright himself stated in his day, Tirso wrote some 400 plays, of which, only some eighty survive today that we can classify into seven distinct dramatic categories: (1) religious theater (symbolic, biblical stories, religious theory theater, hagiographical plays); (2) historical plays and/or plots; (3) mythological plays; (4) plays set in a court (*comedias palatinas*); (5) peasant plays (*comedias villanescas*); (6) cloak and dagger plays; and (7) one-act religious plays (*autos sacramentales*).

Although Tirso is considered a disciple of Lope, he made an effort to construct more sophisticated plots, demonstrate greater narrative clarity, explore his understanding of humanity and the world of his time, focus on a single protagonist, and, in some of his plays, express a sly and moralistic point of view. We may claim, therefore, that he critically adopts the formula of the *comedia nueva* with the intention of perfecting it, as he himself explains in the following passage from *Los cigarrales de Toledo*:

> Y si me argüís que a los primeros inventores debemos, los que profesamos sus facultades, guardar sus preceptos—pena de ser tenidos por ambiciosos y poco agradecidos a la luz que nos dieron para proseguir sus habilidades—, os respondo: que aunque a los tales se les debe la veneración de haber salido con la dificultad que tienen todas las cosas en sus principios, con todo eso, es cierto que, *añadiendo perfecciones* a su invención (cosa, puesto que fácil necesaria), es fuerza que, quedándose la sustancia en pie, *se muden los accidentes, mejorándolos con la experiencia.* (226-27, my emphasis)

> [And if you argue to me that those who respect their precepts or profess their abilities owe them to our precursors—at risk of being considered ambitious and not too grateful for the gift they gave us to continue with their skills—I answer you: although those are owed veneration for having overcome with hardship the difficulties all things have at the beginning, it is nonetheless true that, adding perfections to their invention (something necessary because it is easy), it is a must that, keeping substance in place, accidents be moved, bettering them with experience.]

Tirso's careful effort to set his plays apart from the rigidity of the dramatic formula made popular by Lope de Vega is evidenced by his adherence to two dramatic guidelines: deepening the concept of verisimilitude and refining the use of humor.

On the one hand, Tirso's plays use the principle of verisimilitude by adopting the unity of action, but breaking with the unity of time and place.[6] As far as the verisimilitude of the characters is concerned, he examines them in great depth from a psychological point of view, especially his female characters. On the other hand, with respect to humor, he manages to perfect the humoristic thread by involving some of the characters in the joke—whether as subjects or objects. Examples include erotic allusions that arise as a result of the battle of the sexes, comical situations developed in rural, traditional,[7] and royal settings, and a masterful manipulation of the languages used (Arellano 333-35). Indeed, Tirso creates a wide range of terms that are perfectly adapted to specific characters and their dramatic situations. In the case of *Don Gil de las calzas verdes*, Zamora Vicente highlights, for example, the boldness of a whole series of Tirso's invented words that ridicule both the customs of his time and even certain extravagant traits of its own characters:

> En *Don Gil* encontramos bigotismo, 'ocupación constante en el bigote, estar obseso por llevarle bien engomado, rizado, perfumado, etc.' (otra burla de las afectadas costumbres de los "lindos" del mo-

---

6 Specifically, in *Don Gil de las calzas verdes*, the speech with which doña Juana opens the play (I. vv. 61-244) is, according to Zamora Vicente, a perfect example of the suppression of the unity of time and place (43).

7 In this regard, Florit Durán underlines the extent to which popular culture—which was an endless source of inspiration for many of his plays—influences the playwright: "A este respecto, resulta de no poco interés el hecho de que el mercedario mostrara siempre un vivo afán por incluir en sus piezas motivos procedentes del universo popular, así como el hecho de que hiciera uso de rasgos léxicos, fónicos y de morfología verbal procedentes del mundo campesino. Y es que ocurre que Tirso de Molina, al igual que sucede con buena parte de los escritores del Siglo de Oro, tuvo una amplia cultura popular—buena parte de ella anclada en la vida campesina—que aprendió, por un lado, merced a su contacto directo con la realidad social de su tiempo y, por otro, gracias a las lecturas de obras que recogen testimonios de la tradición popular" (995). [In this regard, it is not of little interest that the Mercedarian priest is always eager to include in his pieces motifs from the popular world, as well as the fact that he makes use of lexical, phonetic and morphological traits from the peasant world. What happens is that Tirso de Molina, just like a good part of Golden Age writers, had a wide popular culture—a good part of it anchored in peasant life—that he learned, on the one hand, thanks to his direct contact with the social reality of his time, and, on the other, thanks to reading works that gather accounts from the popular tradition.]

mento). Hembrimacho, aplicado al dudoso sexo de don Gil, ¿no es otra forma de señalar grotescamente y sin herir a nadie? Gilada, 'conjunto de Giles', ¿no es un acierto total? En todos estos casos de solapada burla o crítica, podemos hablar, sin gran esfuerzo, de una ironía comprensiva, exculpadora, vecina del ademán cervantino. (Zamora Vicente 37-8)

[In *Don Gil* we find *bigotismo*, 'a constant concern with the moustache, being obsessed with having it well waxed, curled, perfumed, etc.' (another mocking of the affected habits of the *lindos* [effeminate male characters] of the moment). *Hembrimacho*, applied to don Gil's dubious sex, is this not another way of pointing grotesquely to someone without hurting anyone? A *Gilada*, 'a group of Giles', is this not really accurate? In all these cases of underhanded mockery or criticism, we can effortlessly speak of understandable, exculpating irony, close to Cervantine manners.]

Tirso's language becomes, therefore, an explosion of ingenious linguistic creativity that not only contributes to emphasizing the humor of the play and defines character's personalities, but also expresses an underlying social critique.

2. Summary of the Play

Don Gil de las calzas verdes is a cloak-and-dagger play with one of the most intricate plots in the Golden Age dramatic repertoire. However, it is the complexity of the argument that, in Gerald E. Wade's opinion, has frightened daring playwrights from introducing their own changes, allowing the work to be preserved almost as Tirso originally conceived of it (610). Below I include a list that outlines the major characters introduced throughout the plot to facilitate understanding of this summary:

DOÑA JUANA: protagonist of the play and wronged by **don Martín**

→DON GIL DE LAS CALZAS VERDES: First false identity that **doña Juana** adopts in order to gain **don Martín** back

→DOÑA ELVIRA: Second false identity adopted by **doña Juana** which allows her to become both neighbor and friend of **doña Inés**

DON MARTÍN: suitor of **doña Juana** who abandons her in order to marry the wealthier **doña Inés**

→DON GIL DE ALBORNOZ: False identity adopted by **don Martín** to court **doña Inés** in secret

DOÑA INÉS: Noble lady courted by **don Gil de Albornoz/don Martín**

DON JUAN: Suitor of **doña Inés**

DOÑA CLARA: Cousin of **doña Inés**

DON ANTONIO: Nobleman and heartthrob who ends up marrying **doña Clara**

DON ANDRÉS: Father of **don Martín**

DON PEDRO: Father of **doña Inés**

CARAMANCHEL: Servant from Madrid who works for **don Gil de las calzas verdes (doña Juana)**

QUINTANA: Servant from Valladolid who works for **doña Juana** (and is aware of the protagonist's plan). He is hiding in Vallecas while doña Juana carries out her plan. From time to time, he acts as her messenger bringing news to and from Valladolid

SUMMARY OF ACT I

Doña Juana de Solís, accompanied by her servant Quintana, has recently arrived in Madrid from Valladolid. Doña Juana explains to Quintana the reason for her male attire: a few months earlier, she had fallen in love with don Martín, who promised her marriage in order to seduce her. Meanwhile, don Martín's father, don Andrés, unsatisfied with doña Juana's dowry, decides to marry his son to doña Inés, a lady from Madrid who is in possession of a great fortune.

In order to avoid legal complications and to prevent doña Juana from finding him, on his father's advice, don Martín leaves Valladolid for Madrid and adopts an alias, don Gil de Albornoz. For her part, doña Juana, having learned of this Machiavellian plan hatched behind her back by father and son, heads to the court dressed as a man—also calling herself don Gil—with the intention of stopping the wedding of don Martín and doña Inés and re-establishing her now sullied honor. She asks of Quintana that he retire to Vallecas while she takes into her service Caramanchel, another roguish servant.

Don Pedro, doña Inés' father, receives don Gil de Albornoz/don Martín who presents his host with a letter on behalf of don Andrés. In the letter, don Andrés lies by saying that because his son, don Martín, is already engaged to another woman, he has decided to send don Gil de Albornoz instead to be an equally promising future son-in-law. Doña Inés, who has given the vow of marriage to don Juan in secrecy, is forced to meet the new suitor that her father has chosen as husband for her. The meeting takes place in the Huerta del Duque, the same place where doña Juana, transformed into don Gil de las calzas verdes, makes her first public and flashy appearance and sets off a delirious misunderstanding that begins when both doña Inés and her cousin, doña Clara, fall hopelessly in love with him/her. When don Pedro arrives accompanied by don Gil de Albornoz to introduce him to his daughter, doña Inés declares her unwavering love for "don Gil de las calzas verdes," to the astonishment of don Gil de Albornoz and everyone else present, who don't understand what is going on.

SUMMARY OF ACT II

Not content with her recently invented masculine identity, doña Juana poses as doña Elvira as well. In her new guise, she rents the house next to doña Inés' with the intention of learning about everything that goes on between doña Inés and don Martín. For her part, doña Inés is so obsessed with don Gil de las calzas verdes that she asks don Juan, as a test of his loyalty, to kill don Gil de Albornoz, whom she considers an obstacle to her romantic endeavors.

Doña Elvira and doña Inés strike up a tight friendship—due to the closeness of their homes—and the protagonist confides in her friend a made-up sob story with the hope of creating distance between her and don Gil de Albornoz. Both women agree that doña Elvira will renounce her love for don Gil de las calzas verdes on the condition that doña Inés reject the advances made by don Gil de Albornoz. Quintana, meanwhile, brings news of doña Juana to don Martín. He tells him that she is pregnant and staying at a convent. Don Martín, motivated by pangs of guilt, weighs whether he should return to her side or continue with his original plan of marrying doña Inés. He then receives an order of payment and a letter from his father in which he is advised to speed up his marriage to doña Inés, and is told about doña Juana's absence from her family's home, a point that confirms in don Martín's mind the story about her pregnancy.

However, the letter and the order of payment fall to the floor and Caramanchel discovers them. Upon seeing that they are addressed to don Gil, he brings them to his master. Immediately afterwards, don Gil de las calzas verdes shows up at doña Inés' home with the letter that confirm his identity as the future husband of doña Inés. Don Gil de Albornoz arrives this very moment and, to his surprise, doña Inés and her father accuse him of being an impostor. Once again, he finds his plans hindered by the mysterious don Gil de las calzas verdes.

SUMMARY OF ACT III

Quintana jumps on the opportunity to invent another lie that inspires even more unease in don Martín: that doña Juana has died in childbirth and don Gil de las calzas verdes seems to be the ghost of the ill-fated woman. In the meantime, doña Juana writes to her father demanding justice for the fatal stab wounds received from don Martín so that she would not interfere with his marriage to doña Inés; this is another of the protagonist's lies that contribute to further complicating the mess in which all of the characters find themselves immersed. Shortly thereafter, don Gil de las calzas verdes becomes engaged to doña Clara, while a hidden doña Inés is witness to the romantic scene. Doña Inés challenges don Gil de las calzas verdes for his fickleness and he leaves in a hurry, confessing all the while that he is actually doña Elvira disguised as don Gil. Later that night, doña Inés and doña Elvira go out to the balcony while a group of "don Giles"—really don Juan, don Martín, and doña Clara—all dressed in green, meander through the streets, each one of them swearing to be the real don Gil de las calzas verdes. Doña Elvira makes an excuse for having to leave the balcony and, with Quintana by her side, she confronts the imposters, which results in a fight from which don Juan will wind up injured.

Fig. 1. Photographer Chicho. *Don Gil de las calzas verdes* (1994). Directed by Adolfo Marsillach, Compañía Nacional de Teatro Clásico. Centro de Documentación Teatral (CDT), Instituto Nacional de las Artes Escénicas y de la Música (INAEM).

After these nocturnal scuffles, don Martín appears, also dressed in green, lamenting his existence. Don Diego arrives accompanied by Quintana to carry away don Martín as prisoner for the supposed murder of doña Juana. Then, to make matters worse for don Martín, don Antonio accuses him of having injured don Juan the night before. At this very moment, doña Juana appears—in her green breeches—accompanied by don Pedro and doña Inés, to clear up the misunderstandings and ask for her father's forgiveness. The play ends with three simultaneous weddings: (1) doña Juana and don Martín, (2) doña Inés and don Juan, and (3) doña Clara and don Antonio—and Caramanchel, recently arrived and still ignorant of the true identity of doña Juana, who comes on stage asking for the salvation of the soul of his "green" master.

3. VERSIFICATION

Act I

Redondillas	1-60
Romance	61-250
Redondillas	251-538
Octavas	539-618
Quintillas	619-713
Sueltos y pareados	714-743
Seguidillas	744-755
Redondillas	756-863
Romance	864-875
8, 9 y 10 sílabas	876-883
Romance	884-891
Verso eneasílabo	892
Verso endecasílabo dactílico	893
Romance	894-897
6, 7 y 8 sílabas	898-901
Romance	902-1015

Act II

Redondillas	1016-1287
Romance	1288-1441
Redondillas	1442-1773

Serie encadenada	1774-1835
Quintillas	1836-2045
Act III	
Redondillas	2046-2315
Quintillas	2316-2615
Sueltos y pareados	2616-2662
Redondillas	2663-3062
Octavas	3063-3094
Romance	3095-3272

4. The Characters: From an Amoral nobility to an Atypical Fool

In her definition of "mujer disfrazada" [disguised woman] Juana de José Paredes describes *Don Gil de las calzas verdes* as the "emblematic work" that exemplifies the use of male attire by female protagonists in 17th century theater (218). Doña Juana dresses as a man with the sole purpose of restoring her honor herself, in an attempt to be independent and free from patriarchal subjection:

> La recuperación del honor de doña Juana de Solís recae, no en manos de ese padre, que sólo aparecerá al final de la obra, sino en la propia doña Juana, y al servirse para sus propósitos del disfraz varonil, de un criado gracioso, de un ingenio bien despierto y de una fantasía que confunde y deja perplejos a los personajes, cualquier asomo trágico se evapora de inmediato. (Florit Durán 1017)

> [The recovery of doña Juana de Solís' honor does not depend on her father, who only appears at the end of the play, but on doña Juana herself. By making use for her own ends of a male disguise, a comic servant, and a very sharp wit and fantasy that confounds and perplexes the characters, any tragic sign evaporates immediately.]

She takes the reins of her own destiny and directly confronts the unhappy situation in which she finds herself until she reaches her goal.

She is able to do so because of her courage and the possibilities that open to her when she dresses as a man. This strategy was particularly striking to an Early Modern female audience as De José Paredes has pointed out:

> Las espectadoras admiraban en la actriz así vestida la audacia para resolver los eternos problemas femeninos con iniciativas propias de conductas masculinas. El disfraz varonil era, en sí mismo, la irrupción solapada, la conquista efímera del libérrimo mundo masculino (216).

> [In an actress dressed that way female spectators admired the audacity to resolve eternal feminine problems by means of initiatives proper to male conduct. The manly disguise was in itself a surreptitious burst, the ephemeral conquest of the freest masculine world.]

However, the enterprising protagonist is far from being a character without flaw. In fact, doña Juana does not seem to realize how her actions affect the other characters—from the sorrow that don Pedro feels because of the disappearance and supposed murder of his daughter at the hands of don Martín, to the terror that Caramanchel experiences because of doña Juana's "ghost," to the risk of death that is posed to don Martín by doña Inés' request of don Juan or the injury that the latter receives in the nighttime scuffle. Gordon Minter further condemns the fact that doña Juana, in the end, has no qualms about marrying don Martín, a man incapable of standing up to the greed-driven will of his father (19-20).

As in *El burlador de Sevilla*, all of the highborn characters in this play—representatives of the "mesocracia capitalina, base de la posterior burguesía" [mesocracy from the capital, the base of the subsequent bourgeoisie] (Zamora Vicente 33)—beginning with doña Juana, are marked by very weak morals:

> Algunas de las reacciones de estos héroes (la mentira premeditada del padre de Martín; los deseos de Inés de que don Juan mate a los

Giles que le molestan para disfrutar el suyo) nos lo alejan de los prejuicios universalmente prodigados sobre la conducta caballerosa del hidalgo español, tan traído y llevado por la comedia (Zamora Vicente 33).

[Some of these characters' reactions (Martín's father's premeditated lie; Inés' wish that don Juan kill the Giles who bother her so she can enjoy hers) distance them from the widespread stereotype, which is so bandied about by the Spanish comedia, that associates the lower Spanish nobility with gentlemanly conduct.]

All of the nobles in the play (doña Inés, doña Clara, don Martín, don Juan, don Pedro, and don Andrés), far from being perfect, are driven by Machiavellian tendencies, and motivated by their own selfishness. In fact, none of these characters hesitates to abandon, lie to, or even murder their fellow man in order to achieve their goals. Values such as piety, fidelity, and generosity disappear in this decadent and corrupt dramatic microcosm that Tirso presents to us throughout the play.

One of the outstanding characteristics of Caramanchel mentioned by critics is his picaresque nature, not only due to his name—a reference to his place of birth—but also due to his having been servant to several masters (I. vv. 272-410). Although Caramanchel is presented to us as the stock fool character, there are several aspects that set him apart from the stereotypical role assigned to such a character in the *comedia nueva*. First, he is not the one responsible for the play's confusing and tangled plot, but rather, he is "un asombrado testigo, víctima de las transformaciones de su ama que no consigue controlar, y cuya ambigüedad sexual le da ocasión para numerosos chistes" (Arellano 382). [An amazed witness, victim of the transformations of his mistress, whom he does not manage to control, and whose ambiguous sexuality gives rise to numerous jokes by him.] Second, he is not treated as an outsider to the nobility, nor does he express desire for another female servant (Zamora Vicente 48). Furthermore, a certain refinement of his manner is easily noticeable—he discretely expresses his need to eat, avoids telling dirty jokes (Zamora Vicente 48-49) and demonstrates a certain cultural sophistication in his ability to speak other languages.

Caramanchel is, most definitely, an enlightened servant who analyzes situations and critically reflects on all he experiences. The only feature that likens him to the stereotypical fool is, in Zamora Vicente's opinion, his difficulty to keep a secret and his bad habit of talking too much (51).

5. A COMEDIA ON THE MOVE

Don Gil de las calzas verdes, in addition to being urban, and particular to Madrid, is in constant movement in two very symbolic directions: from Valladolid to Madrid and within the urban sphere of Madrid. The journey that doña Juana undertakes to the court is key, both personally and geopolitically. For the protagonist, Valladolid remains reduced to the ancient and outlying place of her moral and physical downfall and the place inevitably linked in her mind to don Pedro and don Martín, both of whom are responsible for bringing disgrace upon her as Enrique García Santo-Tomás has pointed out:

> Este Madrid de doña Inés convierte a Valladolid en el espacio tributario y, por consiguiente, sitúa a don Martín y a toda esta periferia humana en una cronología caduca, regida y motivada por convenciones ya en decadencia. (48)

> [This Madrid of doña Inés makes Valladolid a tributary space and, therefore, places don Martín and all that human periphery in an outdated chronology ruled and motivated by conventions that were already in decadence.]

On the contrary, doña Juana's travels within Madrid represent the overcoming of her weaknesses and the freedom to reinvent herself:

> Esta libertad reparadora, que para una dama como doña Juana no había podido darse en su lugar de procedencia—un lugar remoto, pasado y al que no se vuelve ya—, viene facilitada por el cambio de identidad que permite la anonimia de una gran ciudad. Si Valladolid fue el lugar de su 'tropiezo', Madrid es el espacio de la 'enmienda'. (García Santo-Tomás 46)

[This refreshing freedom, which for a lady like doña Juana could not have happened in her place of origin—a remote place from the past to which one does not return—is facilitated by the change of identity that a large city's anonymity allows. If Valladolid was the place of her 'misstep,' Madrid is the space of her 'emendation.']

In fact, it is due to the anonymity of the urban environment and its cosmopolitan and worldly culture (appreciative of the extravagance of a pair of green breeches) that doña Juana's sophisticated plan is able to succeed.[8]

It is appropriate to ask ourselves, "What is special about don Gil de las calzas verdes and why does the character deserve to be featured in the title of the play?" From a pragmatic perception, don Gil de las calzas verdes is an outlandish impostor invented by doña Juana herself so that she may once again have don Martín as her husband-to-be. From a symbolic standpoint, don Gil de las calzas verdes is a hybrid creation composed of, at the rhetorical level, an honorific title preceding a grotesque personal name, typical of "marido de villancico" (I. V.699) and characterized by a pair of flashing green breeches that are the envy of men and women alike.

Breeches evolved from an undergarment to become a luxurious accessory as the 17th century advanced (Carrión 136).[9] From a figurative perspective, the unique breeches worn by don Gil/ doña Juana imply, in John Browning and Fiorigio Minelli's opinion, "a visual dramatization of her need to take action" (48) or, in García Santo-Tomás's words, "un proyecto en sus diversas etapas de consecución" [a project in its various stages of achievement] and "un homenaje a la fantasía"[a tribute to fantasy] (58). In fact, don Gil's green breeches bewitched the whole cast of the play, by winning the hearts of women, being the envy of men, provoking jealousy and creating a web of confused identities which ultimately succeeded in saving the protagonist's honor.

---

8 Zamora Vicente interprets this clash between Valladolid and Madrid as a propagandistic wink to an audience from Madrid (34).
9 To learn more about the function and meaning of the breeches, consult the chapter that María M. Carrión dedicated to this article of clothing in *Subject Stages. Marriage, Theatre and the Law in Early Modern Spain*.

As Minter has noted, *Don Gil de las calzas verdes* is a play that can be discussed in connection with *The Taming of the Shrew* (1590-1591) by William Shakespeare by drawing a parallel between Petruchio and doña Juana and the way they subdue Katharina and don Martín respectively:

> Though she is not shrewish, she is sharp-tongued, inventive and determined enough, once wronged, to subdue him as surely as Petruchio bullies Katharina into submission. Don Martín is not a 'weak' male unable to fend for or assert himself: he is simply outdone by a sharper-tongued, quicker-witted, bloodier-minded doña Juana." (Minter 21)

This interpretation is based entirely on the powerful gust of inventiveness churned up by the protagonist, which becomes the driving force of the play's action. [10]

6. *DON GIL DE LAS CALZAS VERDES* ON STAGE

The history of *Don Gil de las calzas verdes* on stage is extensive, stretching from the beginning of the 17th century to the present day. As we have already mentioned in the the dramatist's biography, the play was premiered in 1615 in Toledo by Pedro Valdés' company. Actress Jerónima de Burgos, a mature woman at the time, played the role of doña Juana but was incapable of successfully inspiring the youth, ease, or levity the character of the protagonist required. Tirso himself will lament this performance by Burgos through the words of the fictional character of don Melchor in the "Cigarral cuarto" of the *Cigarrales de Toledo*:[11]

---

10   Minter also draws a parallel between *Don Gil de las calzas verdes* and *El burlador de Sevilla*. Regarding this point, see Minter's introduction, sections "The Anti-Tenorio Theory" (23-34) and "Don Gil as a Pastiche of *The Trickster of Seville*" (24-31). For a more involved discussion of the anti-Tenorio theory, see Esmeralda Gijón Zapata, *El humor en Tirso de Molina*, whose complete reference is in the Works Cited.

11   It should be noted that in 1613 the same actress, Jerónima de Burgos, played the role of Nise in the famous play by Lope de Vega, *La dama boba*.

La segunda causa (prosiguió don Melchor) de perderse una comedia es por lo mal que le entalla el papel del representante. ¿Quién
ha de sufrir, por extremada que sea, ver que habiéndose su dueño
desvelado en pintar una dama hermosa, muchacha y con tan gallardo talle que, vestida de hombre, persuada y enamore la más me-
lindrosa dama de la corte, salga a hacer esta figura una del infierno,
con más carnes que un antruejo, más años que un solar de la Mon-
taña, y más arrugas que una carga de repollos, y que se enamore de
la otra y le diga: "¡Ay, qué don Gilito de perlas! es un brinco, un
dix, un juguete del amor! " (452)

[The second cause (continued Melchor) by which a play is lost is
the poor way in which a role fits the actor. Who can withstand,
as extreme as it might be, seeing that its maker lost sleep paint-
ing a beautiful lady, young and with a striking figure who, dressed
as a man, persuades and wins the heart of the court's most fussy
lady, and comes out to play a devilish figure, meatier than the meat
available before Lent, older than a mountain lot, and more wrin-
kles than a bunch of cabbage, and then falls in love with the other
woman and tells her: "What a joy don Gilito is! He is a hoot, a
jewel, a love toy!"]

After the unfortunate début, during the second half of the 17th century there is a scarcity of performance not only of *Don Gil de las calzas
verdes*, but of Tirso's plays in general (García Santo-Tomás 60). Although another showing of the play made its debut in the 18th century,
in 1734 (García Santo-Tomás 61), it would not be until the 19th century that Tirso's dramatic repertoire would be reborn on Spanish stages
thanks to contemporary adaptations (*refundiciones*), which were ad-
justed to the tastes of the time and the audience's understanding.[12]

During the 20th and 21st centuries, Tirso de Molina's plays have
been, after those of Lope and Calderón, the most performed in Spain
(García Lorenzo 532). Within Tirso's dramatic repertoire, *Don Gil de*

---

12   For a more detailed list of the different adaptations and performances of plays
by Tirso de Molina throughout the 19th century, consult García Santo-Tomás's introduction to *Don Gil de las calzas verdes*, pages 61-64.

las calzas verdes has been, after *El burlador de Sevilla*, one of the most commonly performed plays on Spanish stages since the 1950s. García Santo-Tomás reports a total of thirteen adaptations (65-68), listed below, that were prominent between 1953 and 2006:

DATE	COMPANY	DIRECTOR
1953	Jardines de María Luisa (Seville)	Luis Gonzales Robles
1960	Teatro de Juventudes de la Sección Femenina Los Títeres	Carlos Miguel Suárez
1960	Teatro de Juventudes (nueva versión) Teatro Goya (Barcelona)	Carlos Miguel Suárez
1968	Teatro Griego de Montjuich (Barcelona)	Victor Andrés Catena
1983	Pequeño Teatro de Madrid (Almagro)	Antonio Guirau
1990	La escuela de Navarra de Teatro de Pamplona	Miguel Munárriz
1993	Aula de Teatro de la Universidad de Murcia	César Oliva
1994	Compañía Nacional de Teatro clásico (Madrid)	Adolfo Marsillach
1999	Los Veranos de la Villa (Madrid)	David Bello
2002	Teatro Corsario (Salamanca)	Fernando Urdiales
2004	La ciénaga Teatro (Gil el verde) (Cádiz)	Pepe Ola
2006	Compañía Nacional de Teatro clásico (Madrid)	Eduardo Vasco

From a performance perspective, *Don Gil de las calzas verdes* is a play that invites on-stage experimentation and creativity. One of the most significant onstage experiments, based on a libretto by Tomás Luceño, was Tomás Bretón's opera of the same name, which premiered in 1914 in the Teatre Tívoli in Barcelona.[13]

In 1993, César Oliva directed a version for the Universidad de Murcia's Aula de Teatro, in which, in addition to a few basic structural changes, such as the division of the show into two parts and the removal of some five-hundred verses, the director substituted the servant Quintana for Mariana, the protagonist's sidekick. Oliva justifies this change of characters by declaring her a mechanism for making the play seem more realistic to a modern audience, as he himself explains:

---

13   For more details about this opera's characteristics, see Victor Sánchez Sánchez's article in the Works Cited.

Pero, ¿no les parece un poco absurdo todo esto? ¿Cómo iba a huir la chica en cuestión, con un plomazo como Quintana al lado? Yo, que veo en el gesto de Juana una rabiosa modernidad, el rasgo más endiabladamente contemporáneo de los habidos en la comedia áurea, confieso que no pude resistirme a la tentación. (249)

[But, doesn't this all seem a bit absurd to all of you? How was the girl in question going to flee with a bore like Quintana next to her? I, who see in Juana's gesture a furious modernity, the most devilishly contemporary trait of all of Golden Age theater, confess that I could not resist the temptation.]

The version by Adolfo Marsillach for the Compañía Nacional de Teatro Clásico (CNTC) in 1994 highlighted the farcical aspects of the play staged as "una gran broma" [a big joke], in the words of Carlos Cytrynowski, set designer for the CNTC's production (140).

Fig. 2. Photographer Chicho. *Don Gil de las calzas verdes* (1994). Directed by Adolfo Marsillach, Compañía Nacional de Teatro Clásico. Centro de Documentación Teatral (CDT), Instituto Nacional de las Artes Escénicas y de la Música (INAEM).

Twelve years later, the same company, directed this time by Eduardo
Vasco, revisited the play through a more serious lens than his predecessor:

> [...] lo que he intentado en la versión es reforzar la verosimilitud
> del montaje, de la acción, pero tratando de hacer que los personajes
> puedan jugar a la comedia, sin tocar prácticamente la obra de
> Tirso [...] En cuanto a la estética, todos los fondos que se ven,
> además de pertenecer a cuadros de la época, son casas o edificios
> de ese momento; [...] Hemos tratado de tomar del Siglo de Oro
> lo que pensábamos que era más sugerente para el espectador
> de ese momento, pero siempre tratando de que la historia se
> entienda desde el punto de vista emocional [...] (Vasco 29)[14]

> [...] what I have tried in my version is to reinforce the verisimili-
> tude of the staging, of the plot, but trying to make the characters
> play with the play, without practically touching Tirso's work [...]
> In terms of aesthetics, all the backgrounds that can be seen, be-
> sides belonging to paintings for the period, are houses or build-
> ings from that period [...] We have tried to take form the Golden
> Age what we thought was more suggestive for the spectator of that
> moment, but always trying to make the storyline understood from
> the emotional point of view.]

Although this newer version kept some of the elements proposed
by Marsillach as a commemorative gesture to the deceased director,
overall it was a more sober production, specifically targeted to a 21th
century audience.

Another original staging took place on the other side of the Atlan-
tic, in the state of Utah to be exact, in 2003. *Don Gil de las calzas verdes*
was the first product of an innovative project directed by Jason Yancey
and sponsored by Brigham Young University. The North-American
director decided to have the play performed in Spanish for an English-speaking audience, without resorting to any kind of simultaneous

---

14 A promotional video for Eduardo Vasco's version of *Don Gil de las calzas verdes*,
which can be found on *Youtube*, is very useful for visualizing the aesthetic of the
production: <http://www.youtube.com/watch?v=ds-noeID53I>

Fig. 3. Photographer Jason Yancey. *Don Gil de las calzas verdes* (2003).
Directed by Jason Yancey, Brigham Young University.

Fig. 4. Photographer Jason Yancey. *Don Gil de las calzas verdes* (2003).
Directed by Jason Yancey, Brigham Young University.

translation: "[an] attempt to bridge the gap between Outside and In-side; between 17th century Spain and 21st century America" (Vidler 71).

To do so, the director used three production mechanisms that al-lowed the English-speaking audience to have a basic understanding of the play. The first of these resources was the preparation of a libretto of explanatory notes in English, accompanied by detailed illustrations of the different scenes (Vidler 89-90). The second strategy was the use of marionettes to visually represent the longer monologues, such as the scene in which doña Juana explains to Quintana the intention of her trip to Madrid in men's garb (Vidler 90-91).

Lastly, Yancey decided to recreate the cultural atmosphere repre-sentative of the era—"a 17th century plaza visited by a travelling troupe of performers" (Vidler 92)—and urged the audience to participate in this 'living theater' as if it were an interactive trip to the past.

Fig. 5. Photographer Jason Yancey. *Don Gil de las calzas verdes* (2003).
Directed by Jason Yancey, Brigham Young University.

7. Basic Notes on the Language

Although the Spanish language has changed relatively little since the Golden Age (as compared, for example, to English), several grammatical and spelling variations are worth noting in order to facilitate comprehension:

Spelling

Seventeenth-century orthography had not been regularized as it is today, and can vary slightly from contemporary Spanish, often for reasons of rhythm and scansion. Some spellings were different for several reasons, and are easily understood:

> agora = ahora
> ansí = así
> deciséis = dieciséis
> estraño = extraño
> inorancia = ignorancia
> medecina = medicina
> solenice = solemnice
> sostituyó = sustituyó

De + adjective or pronoun contracted
> desta = de esta
> desa = de esa

Words with *ct* in the middle were usually simplified to just *t*:
> defeto = defecto
> respeto = respecto
> vitoria = victoria

Articles
Occasionally articles differ from today's usage:
> el (la) amistad; la (el) color

Assimilation
Infinitives with attached pronouns that begin with *l* change their final *r* to *l* to facilitate pronunciation:

celebrallo = celebrarlo
escuchalle = escucharle
hallalle= hallarle
matalle = matarle
prevenillo = prevenirlo
querella = quererla
servillo = servirlo

Metathesis
The cluster *dl* in the middle of words was largely unknown except in *vos* and *vosotros* commands with attached pronouns. Through a process called metathesis these two sounds switched to aid pronunciation:

contalde = contadle
decildes = decidles
servilde = servidle
pegalde = pegadle

Past Subjunctive
The conditional tense was just being invented, so the past subjunctive could be used instead: fuera = sería

Future subjunctive
The future subjunctive tense was used in the Golden Age. Today its meaning in most uses is communicated using the present subjunctive. Its forms resemble today's past subjunctive (*hablara, comiera, abriera*), but with –*re* endings (*hablare, comiere, abriere*).

Form of address
A common form of address used between individuals of the same social class, or by a person of a superior class to an inferior, is *vos*, which uses the modern second plural (vosotros) verb endings and the *os* ob-

ject pronoun. Vuestra señoría corresponds to the term *Vuestra Merced* or *Vuesasté*, which evolved into today's *Usted* and uses its verb forms.

Works Cited

Arellano, Ignacio. *Historia del teatro español del siglo XVII*. Madrid: Cátedra, 2005.

Bonald Caballero, José Manuel. "La mujer liberada en *Don Gil de las calzas verdes*." In *20 años en escena: 1986-2006*. Ed. Nathalie Cañizares Bundorf. Madrid: Compañía Nacional de Teatro Clásico, 2006. 138-39.

Browning, John and Fiorigio Minelli. Trans and eds. *The Bashful Man at Court; Don Gil of the Breeches Green; The Doubter Damned*. By Tirso de Molina. Otawa: Dovehouse, 1991.

Carrión María M. *Subject Stages. Marriage, Theatre and the Law in Early Modern Spain*. Toronto: University of Toronto Press, 2010.

Cytrynowski, Carlos. "Don Tirso de las calzas verdes." In *20 años en escena: 1986-2006*. Ed. Nathalie Cañizares Bundorf. Madrid: Compañía Nacional de Teatro Clásico, 2006. 140-141.

Florit Durán. Francisco. "Tirso de Molina." In *Historia del teatro español (I). De la Edad Media al Siglo de Oro*. Ed. Javier Huerta Calvo. Madrid: Gredos, 2003. 989-1022.

García Lorenzo, Luciano. "El teatro clásico en la escena contemporánea: *Don Gil de las calzas verdes*." In *Estudios de literatura española de los siglos XIX-XX: Homenaje a Juan María Díez Taboada*. Eds. José Carlos de Torres Martínez and Cecelia García Antón. Madrid: CSIC, 1998. 532-39.

García Santo-Tomás, Enrique. "Introducción." In *Don Gil de las calzas verdes*. Madrid: Cátedra, 2009. 11-91.

Gijón Zapata, Esmeralda. *El humor en Tirso de Molina*. Madrid: Artes gráf. H. de la Guardia Civil, 1959.

José Paredes, Juana (de). "Mujer disfrazada." In *Diccionario de la comedia del Siglo de Oro*. Eds. Frank P. Casa, Luciano García Lorenzo and Germán Vega García-Luengos. Madrid: Castalia, 2002. 216-18.

Marsillach Adolfo. "Programa de mano." Compañía Nacional de Teatro Clásico. Madrid: Ministerio de Cultura, 1994.

Minter, Gordon. "Introduction." In *Don Gil of the Green Breeches* (*Don Gil de las calzas verdes*). Warminster: Aris & Phillips, 1991. 1-47.

Oliva, César. "*Don Gil de las calzas verdes*, hoy." In *En torno al teatro del Siglo de Oro. Actas de las jornadas IX-X celebradas en Almería*. Eds. Heraclia Castellón, Agustín de la Granja and Antonio Serrano. Almería: Instituto de Estudios Almerienses, 1995. 247-50.

Pallarés Navarro, Mariano. "Algunos aspectos sexuales en tres obras de Tirso de Molina." *Kentucky Romance Quaterly* 19 (1972): 3-15.

Sánchez Sánchez, Victor. "Una adaptación operística del *Don Gil de las calzas verdes* realizada por Tomás Bretón." *e-humanista* 2 (2002): 237-54.

Tirso de Molina. *Cigarrales de Toledo*. Ed. Luis Vázquez. Madrid: Castalia, 1996.

Vasco, Eduardo. "Entrevista a Eduardo Vasco, director de escena y autor de la versión de *Don Gil de las calzas verdes*, de Tirso de Molina." In *Cuadernos pedagógicos* 22. Ed. Mar Zubieta. Madrid: Compañía Nacional de Teatro clásico, 2006. 28-33.

Vidler, Laura. "Coming to America: Translating Culture in Two U.S. Productions of the Spanish Comedia." *Comedia Performance* 2.1 (2005): 71-98.

Zamora Vicente, Alonso. "Introducción." *Don Gil de las calzas verdes*. Madrid: Castalia, 1990. 11-91.

Wade, Gerald, E. "On Tirso's *Don Gil*." *Modern Language Notes* 74.7 (1959): 609-12.

8. EDITIONS USED AND SOURCES CONSULTED FOR THIS EDITION

This edition is based on the electronic text prepared in 2001 by Vern G. Williamsen, based in the *princeps* edition published in the *Cuarta parte de las comedias del Maestro Tirso de Molina* (1635) and made available to the public on the website of the AHCT (Association of Hispanic Classical Theater): <http://www.comedias.org/>. The passages in the text set within square brackets [ ] are additions or corrections to the text of the *princeps* by its consecutive editors. I have also closely compared Williamsen's transcription with Enrique García Santo-Tomás edition of the play (Cátedra, 2009) and followed García Santo-Tomás modernized spelling, rules of accentuation, and punctuation.

For the words translated into English at the margins of each page, the Spanish-English glossary, and in the sentences or expressions translated in the footnotes, I have consulted three English translations of the play: (1) Lawrence Boswell, Jonathan Thacker and Deirdre McKenna (Absolute Press, 1992); (2) John Browning and Fiorigio Minelli (Dovehouse, 1991) and (3) Gordon Minter (Aris & Phillips, 1991). In addition to the English versions, I've also referred to the *Diccionario de autoridades* and the *Tesoro de la lengua castellana o española* to make the meaning of the translation as precise as possible. In some cases I have avoided literal translations and substituted a specific word or expression with a more accurate meaning for today's English-speakers. For those footnotes that are explanatory, I've consulted the very useful critical editions by Alonso Zamora Vicente (Castalia, 1990) and Enrique García Santo-Tomás (Cátedra, 2009).

9. Basic Bibliography

Bibliographic Studies on Tirso de Molina

Cotarelo Mori, Emilio. *Tirso de Molina. Investigaciones bio-bibliográficas.* Madrid: Rubiños, 1893.

Sola-Solé, Josep M. and Vázquez Luis. Eds. *Tirso de Molina: vida y obra. Actas del I Simposio Internacional sobre Tirso.* Madrid: Revista Estudios, 1987.

Vázquez Fernández, Luis. "Apuntes para una biografía de Tirso." *Estudios* 156-57 (1987): 9-50.

Zugasti, Miguel. "Tirso de Molina: bibliografía primaria." *Anthropos* 5 (1999): 29-36.

Lope de Vega and Tirso de Molina

Cioranescu, Alejandro. "Tirso de Molina y Lope de Vega." In *Homenaje a William Fichter. Estudios sobre el teatro antiguo hispánico y otros ensayos.* Eds. José Amor and Vázquez and David Kossof. Madrid: Castalia, 1971. 269-80.

Entrambasaguas, Joaquín (de). "La convivencia coétanea de Lope de Vega y Tirso de Molina." *Estudios 18* (1962): 387-98.

Florit Durán, Francisco. *Tirso de Molina ante la comedia nueva. Aproximación a una poética.* Madrid: Revista Estudios, 1986.

General Studies on Tirso de Molina's Dramaturgy

Agheana, Ion T. *The Situational Drama of Tirso de Molina.* Madrid: Plaza Mayor, 1973.

Albrecht, Jane. *The Playgoing Public of Madrid in the Time of Tirso de Molina.* New Orleans: UP of the South, 2001.

Arellano, Ignacio. *Arquitecturas del ingenio. Estudios sobre el teatro de Tirso de Molina.* Pamplona: Instituto de Estudios Tirsianos/GRISO/ Universidad de Navarra, 2001.

———. (Ed.) *Tirso en el Siglo XXI. Ínsula. Revista de letras y ciencias humanas* 681 (2003).

———. *Tirso de Molina: del Siglo de Oro al siglo XX. Actas del Coloquio Internacional del GRISO.* Madrid: Revista Estudios, 1995.

Béziat, Florence. *El silencio en el teatro de Tirso de Molina.* Madrid: Instituto de Estudios Tirsianos, 2004.

Dolfi, Laura. "La mujer burlada. Para una tipificación de cinco comedias de Tirso de Molina." *Boletín de la Real Academia Española* 66 (1986): 291-327.

Eiroa, Sofía. "Técnicas dramáticas tirsianas." In *Memoria de la palabra, Actas del VI Congreso de la Asociación Internacional Siglo de Oro.* Vol. I. Eds. María Luisa Lobato and Francisco Domínguez Matito. Madrid/Frankfurt: Iberoamericana/ Vervuert, 2004. 711-21.

Fernández, Xavier A. *Las comedias de Tirso de Molina. Estudios y métodos de crítica textual.* Pamplona/Kassel: Universidad de Navarra/Reichenberger, 1991.

Florit Durán. "El teatro de Tirso de Molina tras el episodio de la Junta de Reformación." In *La década de oro de la comedia española 1630-1640. Actas de las XIX
Jornadas de Teatro Clásico.* Eds. Felipe Pedraza Jiménez and Rafael González Ca-
ñal. Almagro: Ediciones de la Universidad de Castilla-La Mancha, 1997. 85-102.

Galoppe, Raúl, A. *Género y confusión en el teatro de Tirso de Molina.* Madrid: Pliegos,
2001.

García Santo-Tomás, Enrique. "Early Modern Geographies: Teaching Space in Tirso
de Molina's Urban Plays." In *Approaches to Teaching Early Modern Spanish Drama.* Eds. Laura R Bass and Margaret R. Greer. New York: Modern Language
Association of America, 2006. 53-60.

———. *Social and Literary Satire in the Comedies of Tirso de Molina.* Ottawa: Dovehouse, 1989.

Halkhoree, Premraj, R.K. *Social and Literary Satire in the Comedias of Tirso de Molina.* Edinburg: Dovehouse, 1989.

Jauralde Pou, Pablo. "La actriz en el teatro de Tirso de Molina." In *Images de la
femme en Espagne aux XVIe et XVIIe siècle: Des traditions aux renouvellements
et à l'émergence d'images nouvelles.* Ed. Agustín Redondo. París: Sorbonne, 1994.
239-49.

Nougué, André. "La libertad lingüística en el teatro de Tirso de Molina." In *Homenaje a Guillermo Gustavino: miscelánea de estudios en el año de su jubilación como
director de la Biblioteca Nacional.* Madrid: Asociación Nacional de Bibliotecarios,
Archiveros y Arqueólogos, 1974. 289-324.

Santomauro, María. *El gracioso en el teatro de Tirso de Molina.* Madrid: Revista Estudios, 1984.

Smith, Dawn L. "Women and Men in a World Turned Upside Down: An approach
to Three Plays by Tirso." *Revista canadiense de estudios hispánicos* 10.2 (1986):
247-60.

Stoll Anita, "Do Clothes Make the Man? Gender and Identity Fluidity in Tirso's
plays." *Romance Languages Annual* 10.2 (1998): 832-35.

Sullivan, Henry W. "Love, Matrimony, and Desire in the Theatre of Tirso de Molina." *Bulletin of the Comediantes* 37 (1985): 83-99.

———. *Tirso de Molina and the Drama of the Counter Reformation.* Amsterdam:
Rodopi, 1976.

——— y Galloppe, Raúl A (Eds). *Tirso de Molina. His Originality Then and Now.*
Otawa: Dovehouse, 1996.

Trubiano, Mario F. *Libertad, gracia y destino en el teatro de Tirso de Molina.* Madrid:
Alcalá, 1985.

Wilson, Margaret. *Tirso de Molina.* Boston: Twayne Publishers, 1997.

CRITICAL STUDIES ON *DON GIL DE LAS CALZAS VERDES*

Carrión, María Mercedes. "Intereses (in)vestidos. Fábrica, industria y vestuario en
Don Gil de las calzas verdes." In *Materia crítica: formas de ocio y de consumo en*

la cultura áurea. Ed. Enrique García Santo-Tomás. Frankfurt/Madrid: Vervuert/ Iberoamericana, 2009. 383-404.

———. *Subject Stages. Marriage, Theatre and the Law in Early Modern Spain*. Toronto: U of Toronto Press. 2010.

Donahue, Darcy. "The Androgynous Double and its Parodic Function in Don Gil de las calzas verdes." *Estudios* 43 (1987): 137-43.

Frye, Ellen. "Meta-imitation in the Comedia: *Don Gil de las calzas verdes*." *Comedia Performance: Journal of the Association for Hispanic Classical Theater* 1.1 (2004): 126-42.

Gagnon, Julie. "¿El hábito hace al monje? En torno a la masculinidad en *Don Gil de las calzas verdes*." In *Monstruosidad y transgresión en la cultura hispánica*. Eds. Ricardo de la Fuente Ballesteros and Jesús Pérez Magallón. Valladolid: Universitas Castellae, 2003. 115-27.

Haverbeck, Erwin. "Aproximación Semiotica a *Don Gil de las calzas verdes*." *Estudios Filológicos* 19 (1984): 45-67.

Johnson, L Carl. "The (Ab)uses of Characterization in *Don Gil de las calzas verdes*." In *Tirso de Molina: His Originality Then and Now*. Eds. Henry W. Sullivan and Raúl A. Galloppe. Otawa: Dovehouse, 1996. 133-43.

Larson, Catherine. "New Clothes, New Roles: Disguise and the Subversion of Convention in Tirso and Sor Juana." *Romance Languages Annual* 1 (1989): 500-4.

Ly, Nadine. "Descripción del estatuto de los personajes en *Don Gil de las calzas verdes*, de Tirso de Molina." *Criticón* 24 (1983): 69-103.

Roux, Lucette-Elyane. "Le *Don Gil* de Tirso de Molina ou le daimon des amours dionysiaques: une résurgence de la bacchanale dans le théâtre du Siècle d'Or." *Cahiers d'Études Romanes* 17 (1993): 139-77.

Spada Suárez, Rosa. *El travestismo femenino en Don Gil de las calzas verdes de Tirso de Molina*. México D.F.: Instituto Nacional de Antropología e Historia, 1998.

Stroud, Matthew. "'¿Y sois hombre o sois mujer': Sex and Gender in Tirso's *Don Gil de las calzas verdes*." In *The Perception of Women in Spanish Theater of the Golden Age*. Eds. Anita K. Stoll and Dawn L. Smith. Lewisburg: Bucknell UP, 1991. 67-82.

Varey, John E. "Doña Juana, personaje de *Don Gil de las calzas verdes*, de Tirso de Molina." In *Studies in Honor of Bruce W. Wardropper*. Eds. Dian Fox, Harry Sieber and Robert Ter Horst. Newark: Juan de la Cuesta, 1989. 359-69.

Vivó de Undabarrena, Enrique. "*Don Gil de las calzas verdes*: matrimonio y derecho." *Revista de derecho UNED* 3 (2008): 125-66.

Wade, Gerald E. "La comicidad de *Don Gil de las calzas verdes*, de Tirso de Molina." *Revista de Archivos, Bibliotecas y Museos* 76 (1973): 475-86.

CRITICAL EDITIONS AND TRANSLATIONS OF *DON GIL DE LAS CALZAS VERDES*

Two Plays (Damned for Despair & Don Gil of the Green Breeches. Trans. Lawrence Boswell, Jonathan Thacker and Deirdre McKenna. Bath: Absolute Press, 1992.

Don Gil de las calzas verdes. Ed. Francisco Florit Durán. Madrid, Bruño, 1996.

Don Gil de las calzas verdes. Ed. Enrique García Santo-Tomás. Madrid: Cátedra, 2009.

The Bashful Man at Court, Don Gil of the Breeches Green, The Doubter Damned. Trans. and eds. Fiorigio Minelli and John D. Browning. Ottawa: Dovehouse, 1991.

Don Gil of the Green Breeches. Ed. Gordon Minter. Warmister: Aris and Phillips, 1991.

Don Gil de las calzas verdes. Ed. Alonso Zamora Vicente. Madrid: Castalia, 1990.

WEB TRANSCRIPTIONS OF *DON GIL DE LAS CALZAS VERDES*

Don Gil de las calzas verdes. Ed. Miguel Garci-Gómez. <http://mgarci.aas.duke.edu/celestina/MOLINA-TD/DON-GIL/>

Don Gil de las calzas verdes. Cervantes virtual. <http://www.cervantesvirtual.com/obra-visor/don-gil-de-las-calzas-verdes--0/html/>

Don Gil de las calzas verdes. Biblioteca virtual Miguel de Cervantes. <http://www.cervantesvirtual.com/obra/don-gil-de-las-calzas-verdes--1/>

Don Gil de las calzas verdes. Association for Hispanic and Classical Theatre. Ed. Vern Williamsen. < http://www.comedias.org/AHCT/AHCT/Tirso.html>

TIRSO DE MOLINA AND *DON GIL DE LAS CALZAS VERDES* IN PERFORMANCE

Arellano, Ignacio. *Tirso de Molina en la Compañía Nacional de Teatro Clásico. Cuadernos de Teatro Clásico* 18. Madrid: Compañía Nacional de Teatro Clásico, 2003.

García Lorenzo, Luciano. "El teatro clásico en la escena contemporánea: *Don Gil de las calzas verdes.*" In *Estudios de literatura española de los siglos XIX-XX: Homenaje a Juan María Díez Taboada.* Eds. José Carlos de Torres Martínez and Cecelia García Antón. Madrid: CSIC, 1998. 532-39.

Oliva, César. "*Don Gil de las calzas verdes,* hoy." In *En torno al teatro del Siglo de Oro. Actas de las Jornadas IX-X celebradas en Almería.* Eds. Heraclia Catellón Alcalá, Agustín de la Granja and Antonio Serrano. Almería: Instituto de Estudios Almerienses, 1995. 245-50.

Sánchez, Sánchez, Victor. "Una adapatación operística del *Don Gil de las calzas verdes* realizada por Tomás Bréton." *e-humanista: Journal of Medieval and Early Modern Iberian Studies* 2 (2002): 237-54.

Vidler, Laura L. "Coming to América: Translating Culture in Two U.S. Productions of the Spanish Comedia." *Comedia Performance: Journal of the Association for Hispanic Classical Theater* 2.1 (2005): 69-98.

VIDEORECORDINGS OF PRODUCTIONS OF *DON GIL DE LAS CALZAS VERDES*

Don Gil de las calzas verdes (TM 06). Chamizal. 2006. Escuela Superior de Arte Dramatico, Murcia, Spain. <http://www.comedias.org/AHCT/AHCT/Part_III_Video_Catalogue.html>

Don Gil de las calzas verdes (TM 011). Chamizal. 2001. Instituto Nacional de Bellas Artes, Teatro Bichimche, México. <http://www.comedias.org/AHCT/AHCT/Part_III_Video_Catalogue.html>

Don Gil de las calzas verdes (TM 88 CA). Chamizal. 1979. U of Puerto Rico at Rio Piedras. Chamizal Archive. <http://www.comedias.org/AHCT/AHCT/Part_III_Video_Catalogue.html>

Personajes

Doña Juana	Don Diego
Don Martín	Don Antonio
Doña Inés	Celio
Don Pedro	Fabio
Doña Clara	Decio
Don Juan	Valdivieso
Quintana	Aguilar
Caramanchel	Un Alguacil
Osorio	Músicos

Don Gil de las calzas verdes
de Tirso de Molina

ACTO PRIMERO

(Sale DOÑA JUANA, *de hombre, con calzas°*
y vestido todo verde, y QUINTANA, *criado.)*   breeches

QUINTANA   Ya que a vista de Madrid
y en su `Puente Segoviana¹
olvidamos, doña Juana,
huertas° de Valladolid,   gardens

5   `Puerta del Campo,² Espolón,³
puentes, galeras, Esgueva,⁴
`con todo aquello que lleva,
por ser como Inquisición
de la pinciana nobleza,

10   pues cual brazo de justicia,
desterrando su inmundicia
califica su limpieza;⁵

---

1 Historical bridge located in Madrid.
2 Place where celebrations and military parades were held in the city of Valladolid.
3 Path situated along the left bank of the Pisuerga River in Valladolid.
4 Esgueva River, tributary of the Pisuerga River.
5 **Con todo**... "whose current sweeps so much away, it's like some Inquisition of that worthy town; its arm, like justice, lifts to banish thence all foul offensiveness and thus proclaim the city's purity" (Browning and Minelli 201).

		ya que nos traen tus pesares°	sorrows
		a que de esta insigne° puente	famed
15		veas la humilde corriente	
		`del enano Manzanares,⁶	
		que por arenales° rojos	sandbars
		corre, y `se debe correr,°	should be asham
		que en tal puente venga a ser	
20		lágrima de tantos ojos;	
		¿no sabremos qué ocasión	
		te ha traído de esa traza?	
		¿Qué peligro te disfraza	
		de damisela en varón?	
25	Doña Juana	Por ahora no, Quintana.	
	Quintana	Cinco días hace hoy	
		que mudo contigo voy.	
		Un lunes por la mañana	
		en Valladolid quisiste	
30		fiarte° de mi lealtad:	trust
		dejaste aquella ciudad;	
		a esta corte te partiste,	
		quedando sola la casa	
		de la vejez° que te adora,	aged father
35		sin ser posible hasta ahora	
		saber de ti lo que pasa,	
		por conjurarme° primero	make me promi
		que `no examine° qué tienes,	I don't inquire
		por qué, cómo o dónde vienes;	
40		y yo, humilde majadero,°	fool
		callo y camino tras ti	
		haciendo más conjeturas°	speculations
		que un matemático a escuras.°	=oscuras
		¿Dónde me llevas así?	
45		Aclara mi confusión	

---

6 River in Madrid satirized in many literary works of the time for its meager flow, thus *enano* (midget).

`si a lástima te he movido,[7]
que si contigo he venido,
fue tu determinación
de suerte que, temeroso
50   de que, si sola salías,
a riesgo tu honor ponías,
tuve por más provechoso
seguirte y ser de tu honor
guardajoyas,° que quedar,   jewelry box
55   yéndote tú, a consolar
las congojas° de señor.   woes
Ten ya compasión de mí,
que suspensa el alma está
hasta saberlo.

DOÑA JUANA   `Será
para admirarte.[8] Oye.

60   QUINTANA   Di.

DOÑA JUANA   Dos meses ha que pasó
la pascua, que por abril
viste bizarra° los campos   outlandish
de felpas° y de tabís,°   velvet, silk
65   cuando a la puente, que a medias
hicieron, a lo que oí,
`Pero Anzures y su esposa,[9]
va todo Valladolid.
Iba yo con los demás,
70   pero no sé si volví,
a lo menos con el alma,
que no he vuelto a reducir,
porque junto a la Vitoria[10]

---

7   **Si a...** *if you feel pity for me*
8   **Será para...** *it will amaze you*
9   Count Pedro Ansúrez was married to the Countess of Eylo. She decided to construct a bridge (Puente Mayor) when her husband was away. Upon his return, he found the bridge to be too narrow for his taste and decided to widen it.
10   Franciscan convent and church in Valladolid.

`un Adonis bello vi

75   que a mil Venus daba amores

y a mil Martes celos mil.[11]

`Diome un vuelco° el corazón,   leapt

porque amor es alguacil°   officer

de las almas, y temblé

80   como a la justicia vi.

`Tropecé, si con los pies,

con los ojos[12] al salir,

la libertad en la cara,

en el umbral° un chapín.°   doorstep, clog

85   Llegó, descalzado el guante,

una mano de marfil°   ivory

`a tenerme° de su mano...   to hold me

¡Qué bien me tuvo! ¡Ay de mí!

Y diciéndome: "Señora,

90   tened; que no es bien que así

imite al querub° soberbio,°   cherub, superb

cayendo, tal serafín°,"   angel

`un guante me llevó en prendas

del alma,[13] y si he de decir

95   la verdad, dentro del guante

el alma que le ofrecí.

Toda aquella tarde corta

(digo corta para mí,

que aunque las de abril son largas,

100   mi amor no las juzgó así),

bebió el alma por los ojos

sin poderse resistir

el veneno° que brindaba   poison

su talle° airoso° y gentil.°   looks, gallant,

105   Acostose el sol de envidia,   gentle

---

11 Mythological reference to Venus who fell in love with Adonis. Mars killed the young god in a fit of jealousy.

12 **Tropecé, si...** *I stumbled with my eyes as much as with my feet*

13 **Un guante...** *he took one of my gloves as a token of my heart*

y llegose a despedir
de mí al estribo° de un coche — step
adonde supo fingir
amores, celos, firmezas,
110 suspirar, temer, sentir
ausencias, desdén, mudanzas,° — fickleness
y otros embelecos° mil, — humbug
con que, engañándome el alma,
Troya soy, si Scitia fui.[14]
115 `Entré en casa enajenada:[15]
si amaste, juzga por ti
en desvelos principiantes
qué tal llegué. No dormí,
`no sosegué;° pareciome — I didn't rest
120 que olvidado de salir
el sol ya se desdeñaba° — rejected
de dorar nuestro cenit.
Levanteme con ojeras,° — black circles
desojada,° por abrir — with eyes wide open
125 un balcón, de donde luego
mi adorado ingrato vi.
Aprestó° desde aquel día — arranged
asaltos para batir° — surrender
mi libertad descuidada.
130 `Dio en servirme° desde allí; — paid me court
papeles° leí de día, — love notes
músicas de noche oí,
joyas recibí, y ya sabes
qué se sigue al recibir.
135 ¿Para qué te canso en esto?
En dos meses don Martín
de Guzmán, que así se llama
quién me obliga a andar así,

14 Symbolic parallel between doña Juana's state of mind before and after falling
in love and the fall of Troy, as it contrasts with Scythia's resistance.
15 **Entré en...** *I went home no longer mistress of myself*

allanó° dificultades   *overcame*

140   tan arduas° de resistir   *hard*

en quien ama, cuanto amor

invencible todo ardid.°   *trick*

Diome palabra de esposo,

pero fue palabra en fin

145   tan pródiga° en las promesas   *generous*

como avara° en el cumplir.   *meager*

Llegó a oídos de su padre

(debióselo de decir

mi desdicha) nuestro amor,

150   y aunque sabe que nací

si no tan rica, tan noble,

el oro, que es sangre vil

que califica interés,

`un portillo supo abrir

155   en su codicia.[16] ¡Qué mucho,

siendo él viejo, y yo infeliz!

`Ofreciose un casamiento[17]

de una doña Inés, que aquí

con setenta mil ducados°   *ducats*

160   se hace adorar y aplaudir.

Escribió su viejo padre

al padre de don Martín

pidiéndole para yerno.

`No se atrevió a dar el sí

165   claramente por saber

que era forzoso salir

a la causa mi deshonra.[18]

Oye una `industria civil:°   *cunning plot*

`previno postas° el viejo   *saddled horses*

---

16 **Un portillo**... "unlocked a door in that man's greed" (Browning and Minelli 204).

17 **Ofrecióse un**... *a match was made*

18 **No se**... "he couldn't pursue the deal openly in case knowledge of my dishonor emerged" (Boswell and McKenna 108-9).

170 y hizo a mi esposo partir
a esta corte, toda engaños;
ya, Quintana, está en Madrid.
Díjole que se mudase° changed
el nombre de don Martín,
175 atajando° inconvenientes, stopping
en el nombre de don Gil,
porque, si de parte mía
viniese en su busca aquí
la justicia, deslumbrase° dazzled
180 su diligencia° este ardid. effort
Escribió luego a don Pedro
Mendoza y Velasteguí,
padre de mi opositora,
dándole en él a sentir
185 el pesar de que impidiese
la liviandad° juvenil looseness
de su hijo el concluirse
casamiento tan feliz,
que por estar desposado° engaged
190 con doña Juana Solís,
si bien noble, no tan rica
como pudiera elegir,
enviaba en su lugar
y en vez de su hijo a un don Gil
195 de no sé quién, de lo bueno
que ilustra a Valladolid.
Partiose con este embuste;° lie
mas la sospecha, adalid,° vigilant
lince° de los pensamientos lynx-eyed
200 y Argos[19] cauteloso° en mí, cautious
adivinó mis desgracias,
sabiéndolas descubrir
el oro, que dos diamantes

---

19 Mythological reference to Argus ("All-Eyes"), guardian of Io, who was known
for his careful vigilance.

bastante son para ʾabrir
205   secretos de cal y canto.²⁰
Supe todo el caso,° en fin,   scheme
y la distancia que hay
del prometer al cumplir.
ʾSaqué fuerzas de flaqueza,²¹
210   dejé el temor femenil,
diome alientos° el agravio,°   strengths, offens
y de la industria adquirí
la determinación° cuerda,   resolution
porque pocas veces vi
215   no vencer la diligencia
cualquier fortuna infeliz.
Disfraceme como ves
y, fiándome de ti,
ʾa la fortuna me arrojo
220   y al puerto pienso salir.²²
Dos días ha que mi amante,
cuando mucho, está en Madrid;
mi amor midió sus jornadas,
¿y quién duda, siendo así,
225   que no habrá visto a don Pedro
sin primero prevenir
galas° con que enamorar,   fancy clothes
y trazas con que mentir?
Yo, pues que he de ser estorbo
230   de su ciego frenesí,°   frenzy
a vista tengo de andar
de mi ingrato don Martín,
malogrando° cuanto hiciere;   ruining
ʾel cómo, déjalo a mí.²³

---

20 **Secretos abrir**... *uncover closely guarded secrets*
21 **Saqué fuerzas**... *I turned my weakness into strength*
22 **A la**... "I'm launching off on fortune's tide and aim to reach a sheltered port" (Minter 61).
23 **El cómo**... *how I will achieve it, leave it up to me*

235   Para que no me conozca
                        (que no hará, vestida así),
                        falta sólo que te ausentes,
                        no me descubran por ti.
                        Vallecas[24] `dista una legua:[25]
240   disponte luego a partir
                        allá, que de cualquier cosa,
                        o próspera o infeliz,
                        con los que a vender pan vienen
                        de allá, te podré escribir.
245   QUINTANA   `Verdaderas has sacado
                        las fábulas de Merlín;[26]
                        no te quiero aconsejar.
                        Dios te deje conseguir
                        el fin de tus esperanzas.
    DOÑA JUANA   Adiós.
      QUINTANA   ¿Escribirás?
250   DOÑA JUANA   Sí.

         (*Vase* [QUINTANA]. *Sale* CARAMANCHEL, *lacayo.°*)   lackey

    CARAMANCHEL   `Pues para fiador no valgo,
                        sal acá, bodegonero;[27]
                        que en esta puente te espero.
    DOÑA JUANA   ¡Hola! ¿Qué es eso?
    CARAMANCHEL   Oye, hidalgo:
255   eso de *hola*, al que a la cola
                        como contera le siga;
                        y a las doce sólo diga:

---

24   Town then on the outskirts of Madrid, that at the time was known for supplying bread to the city, as verse 243 alludes.

25   **Dista una...** *is a league away*

26   **Verdaderas has...** *your story makes the tales of Merlin come true*

27   These verses evoke Caramanchel's frustration at not finding a master to serve. He is talking to himself and complaining about his lack of money.

<table>
<tr><td></td><td>` "Olla, olla" y no "hola, hola."[28]</td><td></td></tr>
<tr><td>DOÑA JUANA</td><td>Yo, que *hola* ahora os llamo,</td><td></td></tr>
<tr><td>260</td><td>daros eso otro podré.</td><td></td></tr>
<tr><td>CARAMANCHEL</td><td>Perdóneme, pues, usté.°</td><td>=usted</td></tr>
<tr><td>DOÑA JUANA</td><td>¿Buscáis amo?</td><td></td></tr>
<tr><td>CARAMANCHEL</td><td>Busco un amo;</td><td></td></tr>
<tr><td></td><td>que si el cielo los lloviera,</td><td></td></tr>
<tr><td></td><td>y las chinches° se tornaran</td><td>lice</td></tr>
<tr><td>265</td><td>amos, si amos pregonaran°</td><td>announced pub.</td></tr>
<tr><td></td><td>por las calles, si estuviera</td><td></td></tr>
<tr><td></td><td>Madrid de amos empedrado,°</td><td>paved</td></tr>
<tr><td></td><td>y ciego yo los pisara,</td><td></td></tr>
<tr><td></td><td>nunca en uno tropezara,</td><td></td></tr>
<tr><td>270</td><td>según soy de desdichado.°</td><td>unlucky</td></tr>
<tr><td>DOÑA JUANA</td><td>¿Qué tantos habéis tenido?</td><td></td></tr>
<tr><td>CARAMANCHEL</td><td>Muchos, pero más inormes°</td><td>wicked</td></tr>
<tr><td></td><td>que ` Lazarillo de Tormes.[29]</td><td></td></tr>
<tr><td></td><td>Un mes serví no cumplido</td><td></td></tr>
<tr><td>275</td><td>a un médico muy barbado,°</td><td>bushy bearded</td></tr>
<tr><td></td><td>belfo,° sin ser alemán,</td><td>thick-lipped</td></tr>
<tr><td></td><td>guantes de ámbar,° gorgorán,°</td><td>amber, grogram</td></tr>
<tr><td></td><td>` mula de felpa,[30] engomado,°</td><td>perfumed</td></tr>
<tr><td></td><td>muchos libros, poca ciencia,</td><td></td></tr>
<tr><td>280</td><td>pero ` no se me lograba°</td><td>I didn't enjoy</td></tr>
<tr><td></td><td>el salario que me daba,</td><td></td></tr>
<tr><td></td><td>porque con poca conciencia°</td><td>honesty</td></tr>
<tr><td></td><td>lo ganaba su mercé,</td><td></td></tr>
<tr><td></td><td>y huyendo de tal azar°</td><td>fate</td></tr>
<tr><td>285</td><td>me acogí con Cañamar.[31]</td><td></td></tr>
<tr><td>DOÑA JUANA</td><td>¿Mal lo ganaba? ¿Por qué?</td><td></td></tr>
</table>

28 Wordplay on "olla"—the dish—and—"hola"—the greeting.
29 Protagonist in the picaresque novel of the same name, *Lazarillo de Tormes* (1554), who narrates his life as a servant to many masters.
30 Mule adorned with a velvet blanket.
31 Fictional character from the criminal underworld (*germanía*) popularized by a famous song written by Francisco de Quevedo (García Santo-Tomás 106).

CARAMANCHEL	Por mil causas: la primera,	
	porque con cuatro aforismos,	
	dos textos, tres silogismos,	
290	curaba una calle entera.	
	`No hay facultad que más pida	
	estudios, libros galenos,	
	ni gente que estudie menos,	
	con importarnos la vida.[32]	
295	Pero, ¿cómo han de estudiar,	
	no parando en todo el día?	
	Yo te diré lo que hacía	
	mi médico. Al madrugar,	
	almorzaba de ordinario°	usually
300	una lonja° de lo añejo,°	slice, cured ham
	porque era cristiano viejo,	
	y con este letüario°	medicinal draught
	`*aqua vitis*,[33] que es de vid,	
	visitaba sin trabajo,	
305	calle arriba, calle abajo,	
	los egrotos° de Madrid.	sick people
	Volvíamos a las once:	
	considere el `pío lector[34]	
	si podría el mi doctor,	
310	puesto que fuese de bronce,	
	harto de ver orinales°	chamber pots

---

32 **No hay…** *There is no branch of learning that requires more study and medical textbooks than medicine, however physicians are the ones that study the least, although our lives depend upon them*

33 Reference to the wine that Caramanchel's master drinks every day with his meal.

34 Generalized formula used at the time by authors in prologues. Tirso uses the expression in a tone of parody (Zamora Vicente 106). For Browning and Minelli, the mention of the "reader" leads them to a different interpretation: "It is possible that he [Tirso] had already written this lengthy section of Caramanchel's for a reading audience, and that he decided to incorporate it into the play, neglecting to make the necessary adaptation for theatre" (289).

y fístulas,[35] revolver°   go through
Hipócrates[36] y leer
las curas de tantos males.
315   Comía luego su olla,°   stew
con un `asado manido°   leftover roast
y después de haber comido,
jugaba `cientos o polla.°   card games
Daban las tres y tornaba°   returned
320   a la médica atahona,°   mill
`yo la maza y él la mona,[37]
y cuando a casa llegaba,
ya era de noche. Acudía
al estudio, deseoso
325   (aunque no era escrupuloso),
de ocupar algo del día
en ver los expositores°   critics
de sus Rasis[38] y Avicenas;[39]
asentábase° y apenas   seated
330   ojeaba dos autores,
cuando doña Estefanía
gritaba: "Hola, Inés, Leonor,
id a llamar al doctor,
que la cazuela se enfría."
335   Respondía él: "En un hora
no hay que llamarme a cenar;
déjenme un rato estudiar.
Decid a vuestra señora

---

35   Medical term that refers to a surgically created connection or to an open
wound.

36   Doctor of the ancient world (4th century B.C) whose treatises on medicine
were still being studied in many universities during the Renaissance.

37   **Yo la...** *joined at the hip*

38   Arabic doctor (850-923 A.C.) who practiced medicine in Spain and Baghdad
and was the author of two encyclopedias.

39   Persian philosopher who lived at the end of the 10th century and the beginning
of the 11th. He was an obligatory reference for Medieval medical science because
of his extraordinary knowledge of the field.

que le ha dado garrotillo°   diphtheria
340   al hijo de tal condesa,
y que está la ginovesa,°   from Genoa
su amiga, con tabardillo;°   typhus
que es fuerza mirar si es bueno
sangrarla° estando preñada;°   bleed her, pregnant
345   que a Dioscórides⁴⁰ le agrada,
mas no lo aprueba Galeno."⁴¹
Enfadábase la dama,
y entrando a ver su doctor,
decía: "Acabad, señor.
350   Cobrado habéis harta fama,
y demasiado sabéis
para lo que aquí ganáis.
Advertid, si así os cansáis,
que presto° ˋos consumiréis.°   =pronto, you will
355   Dad al diablo los Galenos°   debilitate yourself;
si os han de hacer tanto daño.   doctors
¿Qué importa al cabo del año
veinte muertos más o menos?"
Con aquestos incentivos
360   el doctor se levantaba;
los textos muertos cerraba
por estudiar en los vivos.
Cenaba yendo ˋen ayunas°   with an empty stomach
de la ciencia que vio a solas,
365   comenzaba en escarolas,°   lettuce
acababa en aceitunas,
y acostándose repleto,
al punto del madrugar,
se volvía a visitar

---

40 Doctor and author (1ᵗʰ century A.C) of *De la materia médica*, one of the most famous treatises on medicine (therapeutic and pharmacologic) during the 16ᵗʰ century.

41 Roman physician and personal doctor of the Emperor Marcus Aurelius whose books and research were very popular in Spain during the Renaissance.

370	sin mirar ni un quodlibeto.°	manual
	Subía a ver al paciente,	
	decía cuatro chanzonetas,°	well-worn jokes
	escribía dos recetas°	prescriptions
	de estas que ordinariamente	
375	se alegan sin estudiar,	
	y luego los embaucaba°	bemused
	con unos modos que usaba	
	extraordinarios de hablar:	
	"La enfermedad que le ha dado,	
380	señora, a vueseñoría,	
	son flatos° e hipocondría;	flatus
	siento el pulmón opilado,°	congested
	y para desarraigar°	uproot
	las flemas vítreas° que tiene	vitreous
385	con el quilo,° le conviene	chyle
	por que mejor pueda obrar	
	naturaleza, que tome	
	unos alquermes° que den	medicinal draug
	al hépate° y al esplén°	liver, spleen
390	`la sustancia que el mal come."⁴²	
	Encajábanle° un doblón,°	gave him, doubl
	y asombrados de escucharle	
	no cesaban de adularle°	praised him
	hasta hacerle un Salomón,⁴³	
395	y juro a Dios que teniendo	
	cuatro enfermos que purgar,°	to purge
	le vi un día trasladar°	to transfer
	(no pienses que estoy mintiendo),	
	de un antiguo cartapacio°	small case
400	cuatro purgas que llevó	
	escritas, fuesen o no	
	a propósito, a palacio;	
	y recetada la cena	

---

42 **La sustancia...** *the substance that will clear the offending humor out of you*
43 Patients compared the doctor to King Solomon for his wisdom and erudition.

para el que purgarse había,
405   sacaba una y le decía:
`"Dios te la depare buena."⁴⁴
¿Parécele a vuesasté°   =vuestra merced
`que tal modo de ganar
se me podía a mí lograr?⁴⁵
410   Pues por esto le dejé.

DOÑA JUANA   ¡Escrupuloso criado!
CARAMANCHEL   Acomodeme después
con un abogado que es
de las bolsas° abogado,   purses
415   y enfadome que, aguardando
mil pleiteantes° que viese   plaintiffs
sus procesos, se estuviese
catorce horas enrizando°   curling
el bigotismo,⁴⁶ que hay `trazas
420   dignas de un jubón de azotes.⁴⁷
Unos `empina-bigotes⁴⁸
hay a modo de tenazas°   tongs
con que se engoma° el letrado°   wax, lawyer
la barba que en punta está.
425   `¡Miren qué bien que saldrá
un parecer engomado!⁴⁹
Dejele, en fin, `que estos tales,
por engordar alguaciles,
miran derechos civiles

44 **Dios te**... *God help you*. Popular expression used to denounce the lack of many doctors' knowledge.
45 **Que tal**... "that such a way to earn a fee could square with my integrity?" (Minter 69).
46 Word invented by Tirso to mock the obsession of grooming one's moustache.
47 **Que hay**... "For there are certain tricks so wrong that those who pull them should be thrashed" (Minter 71.)
48 Word invented by Tirso that refers to an imaginary device for curling one's moustache.
49 **¡Miren qué**... "Pray tell, what arguments may we expect to hear from out a waxen mouth like his?" (Browning and Minelli 210).

430	y hacen tuertos criminales.⁵⁰	
	Serví luego a un clerigón°	pot-belly priest
	un mes (pienso que no entero),	
	de lacayo y despensero.°	butler
	Era un hombre `de opinión:°	with prestige
435	su `bonetazo calado,°	shovel hat
	lucio,° grave, carilleno,°	clear thinker,
	mula de veintidoseno,⁵¹	chubby-cheek~
	el cuello torcido a un lado;	
	y hombre, en fin, que nos mandaba	
440	a pan y agua ayunar	
	los viernes por ahorrar	
	la pitanza° que nos daba,	pittance
	y él comiéndose un capón,	
	`que tenía con ensanchas	
445	la conciencia, por ser anchas	
	las que teólogas son,⁵²	
	`quedándose con los dos	
	alones⁵³ cabeceando,°	nodding
	decía, al cielo mirando:	
450	"¡Ay, ama, qué bueno es Dios!"	
	Dejele, en fin, por no ver	
	santo que tan gordo y lleno	
	nunca a Dios llamaba bueno	
	hasta después de comer.	
455	Luego entré con un pelón°	penniless knigh~
	que sobre un rocín° andaba,	nag
	y aunque dos reales° me daba	low value coins
	de `ración y quitación,°	salary
	si la menor falta° hacía,	offense
460	por irremisible° ley,	rigid

---

50 **Que estos...** "men like this, concerned to grease policemen's palms, uphold the law, and with no qualms, are guilty of malpractices" (Minter 71).
51 Mule adorned with a fine blanket.
52 Expression implying that the priest lacks remorse and has no scruples.
53 **Quedándose con...** *with two wings still left to eat*

olvidando el ` *Agnus dei,*
qui tollis ración[54] decía.
Quitábame de ordinario
la ración, pero el rocín

465   y su ` medio celemín°   half-a-peck
alentaban° mi salario,   improved
vendiendo sin redención
la cebada° que le hurtaba,°   barley, stole
con que yo ración llevaba,

470   y el rocín la quitación.
Serví a un moscatel,° marido   naive
de cierta doña Mayor,
a quien le daba el señor
por uno y otro partido

475   comisiones,° ` que a mi ver   assignations
el proveyente cobraba,
pues con comisión quedaba
de acudir a su mujer.[55]
Si te hubiera de contar

480   los amos que en varias veces
serví y andan como peces
por los golfos deste mar,
fuera un trabajo excusado.°   idle
Bástete el saber que ` estoy

485   sin cómodo el día de hoy,
por mal acondicionado.[56]

DOÑA JUANA   Pues si das en coronista   =cronista
de los ` diversos señores
que se extreman en humores,[57]

490   desde hoy me pon en tu lista,

---

54   A play on words, typical of picaresque discourse, in which the *Agnus Dei, qui tollis peccata mundi, miserere nobis* (Lamb of God, you who take away the sins of the world, have mercy upon us) is invoked to point out how stingy his master was, who did not give him enough to eat (ración).

55   **Que a**... *it seemed to me, [these assignations] brought profit to her spouse, and my task was to go with her to each of them.* As Zamora Vicente points out, these verses allude to the wife's infidelity with her husband's consent (114).

56   **Estoy sin**... *I have none [master] to pay my wage today*

57   **Diversos señores**... *strange masters*

porque desde hoy te recibo
en mi servicio.

CARAMANCHEL   ¡Lenguaje
nuevo! ¿Quién ha visto paje°   page
con lacayo?

DOÑA JUANA   Yo no vivo
495   sino sólo de mi hacienda,°   wealth
ni paje en mi vida fui.
Vengo a pretender aquí
un `hábito o encomienda,[58]
y porque en Segovia dejo
500   malo a un mozo,° he menester   servant
quien me sirva.

CARAMANCHEL   ¿A pretender
entráis mozo? Saldréis viejo.

DOÑA JUANA   `Cobrando voy afición°   I'm starting to
a tu humor.

CARAMANCHEL   Ninguno ha habido,
505   de los amos que he tenido,
ni poeta, ni capón;°   sexless youth
pareceisme lo postrero,°   latter
y así, señor, me tened
por criado, y sea a merced,
510   que `medrar mejor espero[59]
que sirviéndoos `a destajo,°   with determina
en fe de ser yo tan fiel.

DOÑA JUANA   ¿Llámaste?

CARAMANCHEL   `Caramanchel,
porque nací en el de Abajo.[60]

515   DOÑA JUANA   Aficionándome vas
por lo airoso y lo sutil.

---

58   **Hábito o...** *title or priviledge*

59   **Medrar mejor...** *I hope to improve my situation*

60   He was born in Carabanchel Bajo, a town on the outskirts of Madrid. As a
picaresque character, Caramanchel adopts the toponym of the place where he
was born as his first name.

CARAMANCHEL	¿Cómo os llamáis vos?
DOÑA JUANA	Don Gil.
CARAMANCHEL	¿Y qué más?
DOÑA JUANA	Don Gil no más.
CARAMANCHEL	Capón sois hasta en el nombre,

520
        `pues si en ello se repara,
        las barbas son en la cara
        lo mismo que el sobrenombre.[61]

DOÑA JUANA   Agora importa encubrir°   *to cover up*
        mi apellido. ¿Qué posada°   *inn*

525   conoces limpia y honrada?

CARAMANCHEL   Una te haré prevenir
        de las frescas y curiosas
        de Madrid.

DOÑA JUANA   ¿Hay ama?°   *innkeeper*

CARAMANCHEL   Y moza.°   *wench*

DOÑA JUANA   ¿Cosquillosa?°   *ticklish*

CARAMANCHEL   Y que retoza.°   *likes to play*

DOÑA JUANA   ¿Qué calle?

530 CARAMANCHEL   De las Urosas.[62]

DOÑA JUANA   Vamos... (*aparte*); que noticia llevo
        de la casa donde vive
        don Pedro. Madrid, recibe
        este forastero° nuevo   *foreigner*
        en tu amparo.

535 CARAMANCHEL   ¡Qué bonito
        que es el tiple° moscatel!   *unbroken voice*

DOÑA JUANA   ¿No venís, Caramanchel?

CARAMANCHEL   Vamos, señor don Gilito. [*Vanse.*]

(*Salen* DON PEDRO, *viejo, leyendo una carta,* DON MARTÍN, *y* OSORIO.)

---

61 Caramanchel notes that don Gil/doña Juana lacks facial hair as well as a last name; therefore, his master must be a capon.

62 Street in Madrid located near the Trinitarian convent where Tirso used to live.

DON PEDRO   (*Lee.*) "Digo, en conclusión, que don
                 Martín, si fuera tan cuerdo° como mozo,   wise
                 hiciera dichosa mi vejez trocando°   trading
                 nuestra amistad en parentesco.° Ha dado   family ties
                 palabra a una dama de esta ciudad, noble
                 y hermosa, pero pobre; y ya vos veis en
                 los tiempos presentes lo que pronostican
                 hermosuras sin hacienda. Llegó
                 este negocio a lo que suelen los de su
                 especie, a arrepentirse él y a ejecutarle
                 ella por la justicia. Ponderad° vos lo que   ponder
                 sentirá quien pierde vuestro deudo,° vuestra   kinship
                 nobleza y vuestro mayorazgo, con tal prenda
                 como mi señora doña Inés. Pero ya que mi
                 suerte estorba° tal ventura, tenelda a no   prevent
                 pequeña, que el señor don Gil de Albornoz,
                 que esta lleva, esté en estado de casarse y
                 deseoso de que sea con las mejoras que en
                 vuestra hija le he ofrecido. Su sangre,
                 discreción, edad y mayorazgo, que heredará
                 brevemente de diez mil ducados de renta,
                 os pueden hacer olvidar el favor que os debo,
                 y dejarme a mí envidioso. La merced que le
                 hiciéredes recibiré en lugar de don Martín,
                 que os besa las manos. Dadme muchas y
                 buenas nuevas de vuestra salud y gusto, que
                 el cielo aumente, etc. Valladolid y julio, etc.
                 Don Andrés de Guzmán."

                 Seáis, señor, mil veces bien venido
540   para alegrar aquesta casa vuestra,
                 que para comprobar lo que he leído,
                 ` sobra el valor que vuestro talle muestra.[63]
                 Dichosa doña Inés hubiera sido

---

63 **Sobra el...** "your honourable manner plainly shows" (Minter 77).

si para ennoblecer la sangre nuestra,
545 prendas de don Martín con prendas mías
regocijaran° mis postreros días.   *will rejoice*
Ha muchos años que los dos tenemos
recíproca amistad, ya convertida
en natural amor, que en los extremos
550 de la primera edad tarde se olvida.
No pocos ha también que no nos vemos,
a cuya causa en descansada vida
`quisiera yo, comunicando prendas,[64]
juntar como las almas, las haciendas.
555 Pero pues don Martín inadvertido
hace imposible el dicho casamiento,
que vos en su lugar hayáis venido,
señor don Gil, me tiene muy contento.
No digo que mejora de marido
560 mi Inés, que al fin será encarecimiento
de algún modo en agravio de mi amigo,
mas que lo juzgo creed, si no lo digo.

Don Martín   Comenzáis de manera a aventajaros
en `hacerme merced,° que temeroso,   *to honor me*
565 señor don Pedro, de poder pagaros
aun en palabras (que en el generoso
son prendas de valor), para envidiaros
en obras y en palabras vitorioso,
agradezco callando y mudo muestro
570 que no soy mío ya porque soy vuestro.
Deudos tengo en la corte, y muchos del ellos
títulos,° que podrán daros noticia   *noblemen*
de quién soy, si os importa conocellos,
que la suerte me fue en esto propicia.
575 Aunque si os informáis, `de los cabellos
quedará mi esperanza, que codicia
lograr abrazos y cumplir deseos,

---

64 **Quisiera yo…** *I would have loved for our children to get married*

	abreviando noticias y rodeos.[65]	
	Fuera de que mi padre (que quisiera	
580	darme en Valladolid esposa a gusto	
	más de su edad que a mi elección) ˋme espera	
	por puntos,[66] y si sabe que a disgusto	
	suyo me caso aquí, de tal manera	
	lo tiene de sentir, que si del susto	
585	destas nuevas no muere, ha de estorbarme	
	la dicha° que en secreto podéis darme.	happiness
Don Pedro	No tengo yo en tan poco de mi amigo	
	el crédito° y estima, que no sobre	good name
	su firma sola, ˋsin buscar testigo	
590	por quien vuestro valor alientos cobre.₆₇	
	Negociado tenéis para conmigo,	
	y aunque un hidalgo fuérades tan pobre	
	como el que más, a doña Inés os diera	
	si don Andrés por vos intercediera.	
595	Don Martín	(*A Osorio aparte.*) El embeleco, Osorio,	
	[va excelente.	
Osorio	[*Aparte a* Don Martín.]	
	Aprieta° con la boda antes que	rush
	venga doña Juana a estorbarlo.	
Don Martín	Brevemente [*A* Osorio.]	
	mi diligencia hará que efeto tenga.	
Don Pedro	No quiero que cojamos de repente,	
600	don Gil, a doña Inés, sin que prevenga	
	la prudencia palabras para el susto	
	que suele dar un no esperado gusto.	
	Si verla pretendéis, irá esta tarde	
	a la ˋHuerta del Duque[68] convidada,°	invited

65 **De los...** "Though while you make enquiries my frail hopes will dangle by a thread, when all they want is just to do what's asked and gain affection, without the need for more investigation" (Minter 79).
66 **Me espera...** *expects me home as soon as we speak*
67 **Sin buscar...** *no need to find witness to prove what you're worth*
68 Gardens in Madrid named after their owner and founder Juan Gaspar

605	y sin saber quién sois `haréis alarde°	will show off
	de vuestra voluntad.	

DON MARTÍN   ¡Oh, `prenda amada!°   *beloved*
Camine el sol porque otro sol aguarde
y deteniendo el sol a su jornada
haga inmóvil su luz, para que sea
610   eterno el día que sus ojos vea.

DON PEDRO   Si no tenéis posada prevenida
y ésta merece huésped tan honrado,
recibiré merced.

DON MARTÍN   Apercebida°   *ready*
está cerca de aquí, según me han dado
615   noticia, la de un primo; `aunque la vida,
que en esta sus venturas ha cifrado,
hiciera aquí de su contento alarde.[69]

DON PEDRO   En la huerta os espero.
DON MARTÍN   El cielo os guarde.

(*Vanse. Salen* DOÑA INÉS *y* DON JUAN.)

DOÑA INÉS   En dando tú en recelar,
620   no acabaremos hogaño.°   *in a year*
DON JUAN   Mucho deseas acabar.
DOÑA INÉS   Pesado estás hoy y extraño.
DON JUAN   ¿No ha de pesar un pesar?
No vayas hoy, por mi vida
625   si es que te importa, a la huerta.
DOÑA INÉS   Si mi prima me convida...
DON JUAN   Donde no hay voluntad cierta
no falta excusa fingida.
DOÑA INÉS   ¿Qué disgusto se te sigue
`de que yo vaya?
630   DON JUAN   Parece
que el temor que me persigue

Enríquez de Cabrera, duke of Medina de Rioseco.
69 **Aunque la**... *although I'd gladly stay here for I have found all joy in this house*

triste suceso me ofrece
sin que mi amor le mitigue.
Pero en fin, ¿te determinas
de ir allá?

635 DOÑA INÉS   Ve tú también,
y verás cómo imaginas
de mi firmeza° no bien.   faithfulness

DON JUAN   Como en mi alma predominas,
obedecerte es forzoso.

640 DOÑA INÉS   `Celos y escrúpulos son
de una especie, y un curioso
(*Sale* DON PEDRO.)
duda de la salvación,
don Juan, del escrupuloso.⁷⁰
Tú solamente has de ser

645 mi esposo; ve allá a la tarde.

DON PEDRO   [*Aparte.*] ¡Su esposo! ¿Cómo?

DON JUAN   A temer
voy. Adiós.

DOÑA INÉS   Él te me guarde.
(*Vase* DON JUAN.)

DON PEDRO   Inés.

DOÑA INÉS   Señor, ¿es querer
decirme que tome el manto?

650 Aguardándome estará
mi prima.

DON PEDRO   Mucho me espanto
de que des palabra ya
de casarte. `¿Tiempo tanto
ha que dilato el ponerte

655 en estado?⁷¹ ¿Tantas canas
peinas, que osas atreverte
a dar `palabras livianas°   lightly-given wc

---

70 **Celos y...** "constant jealousy creates the event that it so fears" (Boswell and
McKenna 122).

71 **¿Tiempo tanto...** *Have I been so slow in finding you a husband?*

		con que apresures mi muerte?
		¿Qué hacía don Juan aquí?
660	DOÑA INÉS	No te alteres, que no es justo;
		que yo palabra le di,
		presuponiendo tu gusto,
		y no pierdes, siendo así,
		nada en que don Juan pretenda
665		ser tu yerno, si el valor
		sabes que ilustra su hacienda.
	DON PEDRO	Esposo tienes mejor;
		` detén al deseo la rienda.⁷²
		No te pensaba dar cuenta
670		tan presto de lo que trazo,
		pero con tal prisa intenta
		cumplir tu apetito el plazo,
		no sé si diga en tu afrenta,
		que, aunque mude intento, quiero
675		atajarla. Aquí ha venido
		un bizarro caballero,
		rico, y muy bien nacido,
		de Valladolid. Primero
		que le admitas le verás.
680		Diez mil ducados de renta
		hereda y espera más,
		y corre ya por mi cuenta
		el sí que a don Juan le das.
	DOÑA INÉS	¿Faltan hombres en Madrid
685		con cuya hacienda y apoyo
		me cases sin ese ardid?
		` ¿No es mar Madrid?⁷³¿No es arroyo° stream

---

72 **Detén al**... *pull the reins of desire*

73 Madrid is compared to the sea—see verse 482—, because of its many unpredictable events, constant intrigues and the obstacles it presents to its people (Zamora Vicente 122). See also García Santo-Tomás's introduction to *Don Gil de las calzas verdes* in which he provides an illuminating analysis of the function of the city in the play (31-38 and 45-54).

de este mar Valladolid?[74]

Pues por un arroyo, ¿olvidas

690   del mar los ricos despojos?°

¿O es bien que mi gusto impidas,

y entrando amor por los ojos,

dueño me ofrezcas de oídas?[75]

Si la codicia civil

695   que a toda vejez infama,

te vence, mira que es vil

defecto. ¿Cómo se llama

ese hombre?

DON PEDRO   Don Gil.

DOÑA INÉS   ¿Don Gil?

¿Marido de villancico?°   rustic ballad

700   ¡Gil! ¡Jesús, no me le nombres!

Ponle un cayado° y pellico.°   crook, sheepskin

DON PEDRO No repares° en los nombres   dwell

cuando el dueño es noble y rico:

Tú le verás, y yo sé

705   que has de volver esta noche

perdida por él.

DOÑA INÉS   Sí haré.

DON PEDRO Tu prima aguarda en el coche

a la puerta.

DOÑA INÉS   Ya no iré

con el gusto que entendí.

Denme un manto.°   shawl

710 DON PEDRO   Allá ha de estar,

que yo se lo dije así.

---

74 The comparison—literal and symbolic—between Madrid and Valladolid is
used frequently throughout the play, most of the time to highlight the former's
superiority, as these verses show. The Court moved from Madrid to Valladolid
for a period of six years (1601-1606), and was then moved back to Madrid.

75 Doña Inés calls upon the motive of love at first sight, which contrasts her
father's efforts to convince her, by way of hearsay, to accept the potential husband
he has chosen for her.

DOÑA INÉS   ¿Con Gil me quieren casar?
            ¿Soy yo Teresa?[76] ¡Ay de mí!

(*Vanse.*)

(*Sale* DOÑA JUANA *de hombre.*)

DOÑA JUANA   A esta huerta he sabido que don Pedro
715   trae a su hija, doña Inés, y en ella
             mi don Martín ingrato piensa vella.
             Dichosa he sido en descubrir tan presto
             la casa, los amores y el enredo
             que no han de conseguir, si de mi parte,
720   Fortuna, mi dolor puede obligarte.
             En casa de mi opuesta° he ya obligado   rival
             a quien me avise siempre; darle quiero
             gracias destos milagros al dinero.

(*Sale* CARAMANCHEL.)

CARAMANCHEL   Aquí dijo mi amo hermafrodita
725   que me esperaba; y vive Dios, que pienso
              que es algún familiar° que en traje de hombre,   demon
              ha venido a `sacarme de jüicio,°   to drive me mad
              y en siéndolo, doy cuenta al
                            [`Santo Oficio.°   Holy Inquisition
DOÑA JUANA   Caramanchel.
CARAMANCHEL   Señor, muy `*benvenuto.*[77]
730   `¿Adónde bueno o malo por el Prado?[78]
DOÑA JUANA   Vengo a ver a una dama, `por quien bebo

---

76   In this verse doña Inés alludes to the similarity between "Teresa" and "Gil," both of which were considered rustic surnames.
77   Caramanchel demonstrates his knowledge of foreign languages (here Italian), an unusual trait of refinement for a fool in the Spanish *comedia*.
78   **¿Adónde bueno...** *what brings you here today?*

los vientos.[79]

CARAMANCHEL   `¿Vientos bebes? Mal despacho;
Barato es el licor mas no borracho.[80]
¿Y tú la quieres bien?

DOÑA JUANA   La adoro.

CARAMANCHEL   `Bueno,

735   no os haréis, a lo menos, mucho daño,
que en el juego de amor, aunque os deis priesa,°   =prisa
si de la barba llego a colegillo,
nunca haréis chilindrón, mas capadillo.[81]
(*Suena música dentro.*)
Mas ¿qué música es esta?

DOÑA JUANA   Los que vienen

740   con mi dama serán, que convidada
a este paraíso, es ángel suyo.
Retírate y verás hoy maravillas.

CARAMANCHEL   ¿Hay cosa igual? `¡Capón y con cosquillas![82]

(*Músicos cantando*, DON JUAN, DOÑA INÉS y DOÑA CLARA
como de campo. DOÑA JUANA, CARAMANCHEL.)

MÚSICOS   Alamicos° del Prado,   little poplars

745   fuentes del Duque,
despertad a mi niña
por que me escuche,
y decid que compare
con sus arenas

750   sus desdenes y gracias,

---

79 **Por quien...** *I'm thirsty for her beauty*
80 **¿Vientos bebes...** "thirst for charms? A lousy brew! The liquor's cheap, but
doesn't get you stewed!" (Minter 89).
81 **Bueno no...** "Well, at least you shouldn't do yourself much harm; For in
the game of love, though you start young, if I deduce correctly form your beard,
you won't be the King of Hearts, but No-man Jack" (Minter 89). Caramanchel
jokes again about his master's lack of stubble by means of wordplay on the terms
capadillo (a card game just like *chilindrón*) and *capado o capón* (capon/castrated).
82 **¡Capón y...** *capon with an urge to lay!*

	mi amor y penas,	
	y pues vuestros arroyos	
	saltan y bullen,°	bubble up
	despertad a mi niña	
755	por que me escuche.	
Doña Clara	¡Bello jardín!	
Doña Inés	Estas parras,°	vines
	de estos álamos doseles,	
	que a los cuellos, `cual joyeles,°	as jeweled garlands
	entre sus hojas bizarras	
760	traen colgando los racimos°	clusters
	nos darán sombra mejor.	
Don Juan	Si alimenta Baco a Amor,	
	entre sus frutos opimos,°	abundant
	no se hallará mal el mío.	
765	Doña Inés	Siéntate aquí, doña Clara
	y en esta fuente repara,	
	cuyo cristal puro y frío	
	besos ofrece a la sed.	
Don Juan	En fin, ¿quisiste venir	
	a esta huerta?	
770	Doña Inés	A desmentir,
	señor, a vuestra merced	
	y examinar mi firmeza.	

Doña Juana [*Aparte a* Caramanchel.]
¿No es mujer bella?

Caramanchel [*Aparte a su ama.*]
El dinero
no lo es tanto, aunque prefiero
775 a la suya su belleza.

Doña Juana [*Aparte a* Caramanchel.]
Pues por ella estoy perdido.
Hablarla quiero.

Caramanchel Bien puedes.

Doña Juana [*Se acerca* Doña Juana.]
Besando a vuesas mercedes

	las manos, licencia pido,	
780	por forastero siquiera,	
	para gozar el recreo°	enjoyment
	que aquí tan colmado° veo.	fill to the brim
DOÑA CLARA	Faltando vos, no lo fuera.	
DOÑA INÉS	¿De dónde es vuesa merced?	
785 DOÑA JUANA	En Valladolid nací.	
DOÑA INÉS	¿Cazolero?°	from Valldolid
DOÑA JUANA	Tendré así	
	más sazón.°	flavor
DOÑA INÉS	Don Juan, haced	
	lugar a este caballero.	
DON JUAN	Pues que mi lado le doy,	
790	con él cortesano estoy.	
	[*Aparte.*] Ya de celos desespero.	
DOÑA INÉS	[*Aparte.*] ¡Qué airoso y gallardo talle!	
	¡Qué buena cara!	
DON JUAN	[*Aparte.*] ¡Ay de mí!	
	¿Mírale doña Inés? Sí.	
795	¡Qué presto empiezo a envidialle!	
DOÑA INÉS	¿Y que es de Valladolid	
	vuesarced? ¿Conocerá	
	un don Gil, también de allá,	
	que vino ahora a Madrid?	
DOÑA JUANA	¿Don Gil de qué?	
800 DOÑA INÉS	¿Qué sé yo?	
	¿Puede haber más que un don Gil	
	en todo el mundo?	
DOÑA JUANA	¿Tan vil	
	es el nombre?	
DOÑA INÉS	¿Quién creyó	
	que un *don* fuera guarnición°	garnish
805	de un Gil, `que siendo zagal	
	anda rompiendo sayal	

	de villancico en canción?[83]	
CARAMANCHEL	El nombre es digno de estima,	
	`a pagar de mi dinero;[84]	
	y si no...	
810 DOÑA JUANA	Calla, grosero.	
CARAMANCHEL	Gil es mi amo, y es la prima	
	y el bordón° de todo nombre,	support
	y en Gil se rematan° mil,	end
	que hay perejil,° toronjil,°	parsely, lemon balm
815	cenojil,° `porque se asombre	garter
	el mundo de cuán sutil	
	es, cuando rompe cambray,[85]	
	y hasta en Valladolid hay	
	`Puerta de *Teresa Gil*.[86]	
820 DOÑA JUANA	Y yo me llamo también	
	don Gil, al servicio vuestro.	
DOÑA INÉS	¿Vos don Gil?	
DOÑA JUANA	Si en serlo muestro	
	cosa que no os esté bien	
	o que no gustéis, desde hoy	
825	me volveré a confirmar.°	confirmation
	Ya no me pienso llamar	(Catholic sacrament)
	don Gil; solo aquello soy	
	que vos gustéis.	
DON JUAN	Caballero,	
	no importa a las que aquí están	
830	que os llaméis Gil o Beltrán;	
	sed cortés y no grosero.	
DOÑA JUANA	Perdonad si os ofendí,	

---

83 **Que siendo...** "that's the name to give a shepherd boy all dressed in homespun in some country song" (Browning and Minelli 221).

84 Expression used to reaffirm the previous statement (Zamora Vicente 147).

85 **Porque se...** "to the great amazement of us all, *gil* is the sound that cambric makes when ripped" (Browning and Minelli 222).

86 Street in downtown Valladolid where the convent of Porta Coeli is located. Teresa Gil was a Portuguese princess who founded the convent of Sancti Spiritus in Toro.

	que por gusto de una dama…
DOÑA INÉS	Paso, don Juan.
DON JUAN	Si se llama

835   don Gil, `¿qué se nos da aquí?⁸⁷

DOÑA INÉS   [*Aparte.*] Este es sin duda el que viene
          a ser mi dueño; y es tal,
          que no me parece mal.
          ¡Extremada° cara tiene!   beautiful

840 DOÑA JUANA   Pésame de haberos dado
          disgusto.

DON JUAN   También a mí,
          si del límite salí;
          ya yo estoy desenojado.

DOÑA CLARA   La música en paz os ponga. [*Levántanse.*]

845 DOÑA INÉS   Salid, señor, a danzar.

DON JUAN   [*Aparte.*] `Este don Gil me ha de dar
          en qué entender.⁸⁸ Mas disponga
          el hado° lo que quisiere,   fate
          que doña Inés será mía,

850   y si compite y porfía,°   insists
          `tendrase lo que viniere.⁸⁹

DOÑA INÉS   ¿No salís?

DON JUAN   No danzo yo.

DOÑA INÉS   ¿Y el señor don Gil?

DOÑA JUANA   No quiero
          dar pena a este caballero.

855 DON JUAN   Ya mi enojo se acabó.
          Danzad.

DOÑA INÉS   Salga, pues, conmigo.

DON JUAN   [*Aparte.*] ¡Que a esto obligue el ser cortés!

DOÑA CLARA   [*Aparte.*] Un ángel de cristal es
          el rapaz;° cual sombra sigo   boy

860   su talle airoso y gentil.

---

87 **¿Qué se…** *who cares?*
88 **Este don…** *I should be concerned by this don Gil*
89 **Tendrase lo…** *there will be consequences*

Con doña Inés danzar quiero.

DOÑA INÉS [*Aparte.*] Ya por el don Gil me muero,
que es un brinquillo° el don Gil.   gem

(*Danzan las dos damas y* DON GIL.)

MÚSICOS (*Cantan.*) Al molino del amor
865   alegre la niña va
                   a moler sus esperanzas;
                   quiera Dios que vuelva en paz.
                   En la rueda de los celos
                   el amor muele su pan,
870   que desmenuzan° la harina,   finely grind
                   y la sacan candeal.°   white
                   Río son sus pensamientos,
                   que unos vienen y otros van,
                   y apenas llegó a su orilla
875   cuando ansí escuchó cantar:
                   "Borbollicos° hacen las aguas,   sparkles
                   cuando ven a mi bien pasar,
                   cantan, brincan,° bullen y corren   jump
                   entre conchas de coral,
880   y los pájaros dejan sus nidos
                   y en las ramas del arrayán°   bay-tree
                   vuelan, cruzan, saltan y pican
                   torongil, murta° y azahar."°   myrtle, orange-
                   Los bueyes° de las sospechas   blossom, oxen
885   el río agotando van,
                   que donde ellas se confirman
                   pocas esperanzas hay.
                   Y viendo que a falta de agua,
                   parado el molino está,
890   desta suerte le pregunta
                   la niña que empieza a amar:
                   "Molinico, ¿por qué no mueles?"
                   "Porque me beben el agua los bueyes."

895
Vio al amor lleno de harina
moliendo la libertad
de las almas que atormenta,
y ansí le cantó al llegar:
"Molinero sois, Amor,
y sois moledor"

900
"Si lo soy, apartesé,
que le enharinaré."

(*Acaban el baile.*)

Doña Inés	Don Gil de dos mil donaires,°	charms
	a cada vuelta y mudanza	
	que habéis dado, dio mil vueltas	
905	en vuestro favor el alma.	
	Ya sé que a ser dueño mío	
	Venís; perdonad si, ingrata,	
	antes de veros rehusé	
	el bien que mi amor aguarda.	
910	¡Muy enamorada estoy!	
Doña Clara	[*Aparte.*] ¡Perdida de enamorada	
	me tiene el don Gil de perlas!	
Doña Juana	No quiero sólo en palabras	
	pagar lo mucho que os debo.	
915	Aquel caballero os guarda,	
	y me mira receloso;	
	voyme.	
Doña Inés	¿Son celos?	
Doña Juana	No es nada.	
Doña Inés	¿Sabéis mi casa?	
Doña Juana	Y muy bien.	
Doña Inés	¿Y no iréis a honrar mi casa,	
920	pues por dueño os obedece?	
Doña Juana	A lo menos a rondarla°	do the rounds
	esta noche.	
Doña Inés	Velarela,°	keep constant v

	Argos toda, a sus ventanas.
DOÑA JUANA	Adiós.
DOÑA CLARA	(*Aparte.*) Que se va. ¡Ay de mí!
DOÑA INÉS	No haya falta.
DOÑA JUANA	No habrá falta.

925

(*Vanse* DOÑA JUANA *y* CARAMANCHEL.)

DOÑA INÉS	Don Juan, ¿qué melancolía
	es esa?
DON JUAN	Esto es dar al alma
	desengaños que la curen
	y aborrezcan tus mudanzas.
	Ah, Inés, en fin, ¿salí cierto?
DOÑA INÉS	Mi padre viene; remata,
	o para después olvida
	pesares.
DON JUAN	Voyme, tirana;
	mas tú me lo pagarás. (*Vase.*)
DOÑA INÉS	¡Ay, que me las jura, Clara!
	Más quiero el pie de don Gil,
	que la mano de un monarca.

930

935

(*Salen* DON MARTÍN *y* DON PEDRO.)

DON PEDRO	¿Inés?
DOÑA INÉS	Padre de mis ojos,
	don Gil no es hombre, es la gracia,
	la sal, el donaire, el gusto
	que amor en sus cielos guarda.
	Ya le he visto, `ya le quiero,
	ya le adoro, ya se agravia
	el alma con dilaciones
	que martirizan mis ansias.[90]

940

945

---

90 **ya le...** *the soul worries already with delays that torment my longings*

Don Pedro	Don Gil, ¿cuándo os vio mi Inés?	
	[*Habla bajo con* Don Martín.]	
Don Martín	Si no es al salir de casa	
	para venir a esta huerta,	
	no sé yo cuándo.	
Don Pedro	Esto basta.	
950		Milagros, don Gil, han sido	
	de esa presencia bizarra.	
	Negociado habéis por vos;	
	llegad y dadlda las gracias.	
Don Martín	Señora, no sé a quién pida	
955		méritos, obras, palabras	
	con que encarecer° la suerte	to crown
	que a tanto bien me levanta.	
	¿Posible es que solo el verme	
	en la calle os diese causa	
960		a tanto bien? ¿Es posible	
	que me admitís, prenda cara?	
	Dadme...	
Doña Inés	¿Qué es esto? ¿Estáis loco?	
	¿Yo por vos enamorada?	
	Yo a vos, ¿cuándo os vi en mi vida?	
965		(*Aparte.*) ¿Hay más donosa maraña?°	imbroglio
Don Pedro	Hija, Inés, `¿perdiste el seso?°	are you mad?
Don Martín	¿Qué es esto, cielos?	
Don Pedro	¿No acabas	
	de decir que a don Gil viste?	
Doña Inés	¿Pues bien?	
Don Pedro	¿Su talle no ensalzas?°	praise
970	Doña Inés	Digo que es un ángel, pues.	
Don Pedro	¿No le ofreces sí y palabra	
	de esposa?	
Doña Inés	¿Qué sacas de eso,	
	`que de mis quicios me sacas?°[91]	

---

91 **Que de...** *you're driving me insane*

DON PEDRO	¡Que a don Gil tienes presente!
DOÑA INÉS	¿A quién?
DON PEDRO	Al mismo que alabas.
DON MARTÍN	Yo soy don Gil, Inés mía.
DOÑA INÉS	¿Vos don Gil?
DON MARTÍN	Yo.
DOÑA INÉS	ʻ¡La bobada!°

975 (DON PEDRO)

`what nonsense!`

DON PEDRO	Por mi vida, que es el mismo.
DOÑA INÉS	¿Don Gil tan lleno de barbas?

980

Es el don Gil que yo adoro
un Gilito de esmeraldas.

DON PEDRO	Ella está loca, sin duda.
DON MARTÍN	Valladolid es mi patria.
DOÑA INÉS	De allá es mi don Gil también.

985

DON PEDRO	Hija, mira que te engañas.
DON MARTÍN	En toda Valladolid

no hay, doña Inés de mi alma,
otro don Gil, sino es yo.

DON PEDRO	¿Qué señas tiene ése? ¡Aguarda!°

`wait`

990

DOÑA INÉS	Una cara como un oro,

de almíbar° unas palabras,

`syrup`

y unas calzas todas verdes,
que cielos son, y no calzas.
Ahora se va de aquí.

995

DON PEDRO	¿Don Gil de cómo se llama?
DOÑA INÉS	Don Gil de las calzas verdes

le llamo yo, y esto basta.

DON PEDRO	Ella ha perdido el jüicio.

¿Qué será esto, doña Clara?

1000

DOÑA CLARA	Que a don Gil tengo por dueño.
DOÑA INÉS	¿Tú?
DOÑA CLARA	Yo, pues, y, en yendo a casa

procuraré que mi padre
me case con él.

DOÑA INÉS	El alma

te haré yo sacar primero.

Don Martín	¡Hay tal don Gil!	
1005	Don Pedro	Tus mudanzas
		han de obligarme...
	Doña Inés	Don Gil
		es mi esposo; ¿qué te cansas?
	Don Martín	Yo soy don Gil, Inés mía;
		cumpla yo tus esperanzas.
1010	Doña Inés	Don Gil de las calzas verdes
		he dicho yo.
	Don Pedro	Amor de calzas
		¿quién le ha visto?
	Don Martín	Calzas verdes
		me pongo desde mañana,
		si esta color apetece.
	Don Pedro	Ven, loca.
1015	Doña Inés	¡Ay, don Gil del alma!

ACTO SEGUNDO

Salen QUINTANA y DOÑA JUANA, *de mujer.*

QUINTANA   No sé a quién te comparar:
     `Pedro de Urdemalas eres;[1]
     pero ¿cuándo las mujeres
     no supistes enredar?°   *to tangle up*

1020   DOÑA JUANA   Esto, Quintana, hasta aquí
     es lo que me ha sucedido.
     Doña Inés `pierde el sentido°   *loses her head*
     con la libertad por mí;
     don Martín anda buscando
1025   este don Gil que en su amor
     y nombre es competidor,
     mas con tal recato ando
     huyéndole la presencia
     que desatinado° entiende   *bewildered*
1030   que soy hechicero° o duende;°   *sorcerer, goblin*
     pierde el viejo la paciencia
     porque la tal doña Inés
     ni sus ruegos obedece
     ni a don Martín apetece,°   *shows interest*
1035   y de tal manera es
     el amor que me ha cobrado,
     que como no vuelvo a vella,

---

1   Famous character of the time, known for being manipulative and a womanizer.

desde entonces atropella°   violates
con pundonores° de estado.   honor
1040 Y como de mí no sabe,
no hay paje o criado en casa,
ni gente por ella pasa,
con quien llorando no acabe
que me busque.

QUINTANA   Si te pierdes
1045 quizás te pregonará.

DOÑA JUANA A los que me buscan `da
por señas° mis calzas verdes.   single out
Un don Juan que la servía,
loco de ver su desdén,
1050 para matarme también
me busca.

QUINTANA   Señora mía,
¡ojo° a la vida, que anda   watch out
en terrible tentación!
Procede con discreción,
1055 o perderás la demanda.

DOÑA JUANA Yo me libraré de todo.
Una doña Clara, que es
prima de mi doña Inés
también me quiere de modo
1060 que a su madre ha persuadido,
si viva la quiere ver,
que me la dé por mujer.

QUINTANA Harás notable marido.

DOÑA JUANA A este fin me hace buscar
1065 casi, Quintana, a pregones,
por posadas y mesones,°   taverns
sin cansarse en preguntar
por un don Gil de unas calzas
verdes, en Valladolid.

1070 QUINTANA ¡Señas son para Madrid
buenas! Bien tu ingenio° ensalzas.   wit

DOÑA JUANA	El criado que te dije
	que en partiéndote de mí
	en la Puente recibí
1075	también confuso `se aflige°`
	porque desde ayer acá
	no ha podido descubrirme,
	ni yo ceso de reírme
	de ver cuál viene y cuál va
1080	`buscándome como aguja²`
	por esta calle, después
	de saber de doña Inés
	si me esconde alguna bruja,
	y como no halla noticia
1085	de mí, afirmará por cierto
	que el dicho don Juan me ha muerto.
QUINTANA	Pondrale ante la justicia.
DOÑA JUANA	Bien puede ser porque es fiel,
	gran servicial, lindo humor,°
1090	y me tiene extraño amor.
QUINTANA	¿Llámase?
DOÑA JUANA	Caramanchel.
QUINTANA	Pues bien; ahora ¿a qué fin
	te has vuelto mujer?
DOÑA JUANA	Engaños
	son todos nuevos y extraños
1095	en daño de don Martín.
	Esta casa alquilé ayer
	con su servicio° y ornato...°
QUINTANA	Aunque no saldrá barato
	no es nuevo agora el haber
1100	en Madrid quien una casa
	dé con todo su apatusco;°
	el por qué la alquilas busco.
DOÑA JUANA	Oye, y sabrás lo que pasa.

Margin glosses:
- 1075 — is upset
- 1089 — disposition
- 1097 — servants, furniture
- 1101 — accoutrements

---

2 **Buscándome como...** *looking for me as a needle in a haystack*

1105	Pared en medio de aquí
	vive doña Inés, la dama
	de don Martín, que me ama.
	Esta mañana la vi,
	y dándome el parabién
	de la nueva vecindad,
1110	tenemos brava amistad,
	porque afirma quiere bien
	a un galán de quien retrato
	soy vivo, y que en mi presencia
	la aflige menos la ausencia
1115	de ʾsu proceder ingrato.³
	Si yo su vecina soy,
	podré saber lo que pasa
	con don Martín en su casa,
	y como tan cerca estoy,
1120	fácilmente desharé
	cuanto trazare en mi daño.

QUINTANA   Retrato eres del engaño.

DOÑA JUANA   Y mi remedio seré.

QUINTANA   En fin, ¿vienes a tener
dos casas?

1125   DOÑA JUANA   Con mi escudero°   *squire*
y lacayo.

QUINTANA   ¿Y el dinero?

DOÑA JUANA   Joyas tengo que vender
o empeñar.°   *to pawn*

QUINTANA   ¿Y si se acaban?

DOÑA JUANA   Doña Inés contribuirá,

1130   que no ama quien no da.

QUINTANA   En otros tiempos no daban.
Vuélvome pues a Vallecas
hasta ver de estas marañas
el fin.

---

3 **Su proceder**... *his unkind ways*

	Doña Juana	Di de mis hazañas.°	deeds
1135	Quintana	Yo apostaré que te truecas	
		hoy en hombre y en mujer	
		veinte veces.	
	Doña Juana	Las que viere	
		que mi remedio requiere,	
		porque todo es menester.	
1140		Mas ¿sabes lo que he pensado	
		primero que allá te partas?	
		Que con un pliego de cartas	
		finjas° que ahora has llegado	pretend
		de Valladolid en busca	
		de mi amante.	
1145	Quintana	¿Y a qué fin?	
	Doña Juana	Trae sospechas don Martín	
		de que quien su amor ofusca°	spoil
		soy yo, que en su seguimiento	
		desde mi patria he venido,	
1150		y soy el don Gil fingido.	
		Para que este pensamiento	
		no le asegure, será	
		bien fingir que yo le escribo	
		desde allá y que por él vivo	
1155		como quien sin alma está.	
		Dirásle tú que me dejas	
		en un convento encerrada	
		con sospechas de preñada,	
		y darásle muchas quejas	
1160		de mi parte, y que si sabe	
		mi padre de mi preñez,	
		malograré su vejez,	
		o me ha de dar muerte grave.	
		Con esto `le desatino,°	mislead him
1165		y creyendo que allá estoy	
		no dirá que don Gil soy.	
	Quintana	Voyme a poner de camino.	

DOÑA JUANA	Y yo a escribir.
QUINTANA	Vamos, pues;
	darasme la carta escrita.
1170 DOÑA JUANA	Ven, que espero una visita.
QUINTANA	¿Visita?
DOÑA JUANA	De doña Inés. (*Vanse.*)

(DOÑA INÉS, *con manto, y* DON JUAN.)

DOÑA INÉS	Don Juan, donde no hay amor,
	pedir celos es locura.
DON JUAN	¿Que no hay amor?
DOÑA INÉS	La hermosura
1175	del mundo tanto es mayor,
	cuanto es la naturaleza
	más varia en él, y así quiero
	ser mudable, porque espero
	tener así más belleza.
1180 DON JUAN	Si la que es más varïable,
	esa es más bella, en ti fundo
	la hermosura deste mundo,
	porque eres la más mudable.
	¿Por un rapaz me desprecias
1185	antes de saber quién es?
	¡Por un niño, Doña Inés!
DOÑA INÉS	Excusa palabras necias
	y mira, don Juan, que `estoy
	en casa ajena.[4]
DON JUAN	Inconstante,
1190	¡no lograrás a tu amante!
	¡A matar tu don Gil voy!
DOÑA INÉS	¿A qué don Gil?
DON JUAN	Al rapaz,
	ingrata, por quien te pierdes.

---

4 **Estoy en...** *I'm in somebody else's house*

DOÑA INÉS	Don Gil de las calzas verdes	
1195	no es quien perturba tu paz.	
	`Así nos dé vida Dios,⁵	
	que no le he visto despúes	
	de aquella tarde. Otro es	
	el don Gil que priva.	
DON JUAN	¿Hay dos?	
1200 DOÑA INÉS	Sí, don Juan, que el don Gilico,	
	o fingió llamarse así	
	o si a vivir vino aquí	
	de asiento, te certifico	
	que de todos se burló.	
1205	El que de casa te ha echado	
	es un don Gil muy barbado	
	a quien aborrezco° yo;	I detest
	pero quiéreme casar	
	con él mi padre, y es fuerza	
1210	que por darle gusto tuerza	
	mi inclinación.° Si a matar	will
	estotro don Gil te atreves,	
	de Albornoz tiene el renombre,	
	y aunque dicen que es muy hombre,	
1215	como amor y ánimo lleves,	
	`el premio a mi cuenta escribe.⁶	
DON JUAN	¿Don Gil de Albornoz se llama?	
DOÑA INÉS	Así lo dice la fama,	
	y en casa del conde vive,	
	nuestro vecino.	
1220 DON JUAN	¿Tan cerca?	
DOÑA INÉS	Por tenerme cerca a mí.	
DON JUAN	¡Y qué! ¿Le aborreces?	
DOÑA INÉS	Sí.	
DON JUAN	Pues si con su muerte merca°	buys
	mi fe tu amor, `el laurel	

---

5 **Así nos...** *I swear to God*
6 **El premio...** *I shall reward you*

1225	ya mi cabeza previene,[7]
	que te hago `voto solene
	que pueden doblar por él.[8] (*Vase.*)
Doña Inés	¡Ojalá! Que de esta suerte
	aseguraré la vida
1230	del don Gil por quien perdida
	estoy, pues dándole muerte,
	quedaré libre, y mi padre
	no aumentará mi tormento
	con su odioso casamiento,
1235	por más que su hacienda cuadre° meets the stand
	a su avaricia maldita.

(Doña Juana, *de mujer, sin manto, y* Valdivieso, *escudero viejo.*)

Doña Juana	¡Oh, señora doña Inés!
	¿En mi casa? El interés
	estimo desta visita.
1240	`En verdad que iba yo a hacer
	en este punto otro tanto.[9]
	¡Hola! ¿No hay quien quite el manto
	a doña Inés?
Valdivieso	(*A ella, al oído.*) `¿Qué ha de haber?[10]
	¿Qué dueñas° has recibido, duennas
1245	o `doncellas de labor?° housemaids
	¿Hay otra `vieja de honor° housekeeper
	más que yo?
Doña Juana	No habrá venido
	Esperancilla ni Vega.
	`¡Jesús, y qué de ello pasa
1250	la que mudando de casa

---

7 **El laurel**... *I already feel the laurels of victory on my brow*
8 **Yo te**... *for I make you a solemn vow he will die*
9 **En verdad**... *I was about to pay you a visit*
10 **Que ha**... *what are you talking about?*

hacienda y trastos trasiega!¹¹
Quitalde vos ese manto,
Valdivieso.

(*Quítale y vase.*)

DOÑA INÉS	Doña Elvira,	
	tu cara y talle me admira;	
1255	de tu donaire ˋme espanto.°	I'm overwhelmed
DOÑA JUANA	ˋFavorécesme, aunque sea	
	en nombre ajeno. Ya sé	
	que bien te parezco en fe	
	del que tu gusto desea.¹²	
1260	ˋSeré como la ley vieja,	
	que tendré gracia en virtud	
	de la nueva.¹³	
DOÑA INÉS	Juventud	
	tienes harta:° extremos deja;	plenty
	que aunque no puedo negar	
1265	que te amo porque pareces	
	a quien adoro, mereces	
	por ti sola enamorar	
	ˋa un Adonis, a un Narciso,¹⁴	
	y al sol que tus ojos viere.	
1270 DOÑA JUANA	Pues yo sé quien no me quiere,	
	aunque otros tiempos me quiso.	
DOÑA INÉS	¡Maldígale Dios! ¿Quién es	
	quien se atreve a ˋdarte enojos?°	to cause you distress
DOÑA JUANA	Las lágrimas a los ojos	

---

11 **¡Jesús, y...** *oh Heavens! What a pain to move houses, nothing is where it is supposed to be*

12 **Favorécesme, aunque...** *what an honor you do me, although I'm sure you must be thinking about the one you love*

13 Doña Juana draws a comparison between her friend's beauty and her resemblance to don Gil and the fact that the New Testament (*ley nueva*) fulfills the prophecies of the Old Testament (*ley vieja*).

14 Mythological characters renowned for their beauty.

| | | me sacaste, doña Inés. |
| 1275 | | |

1275   me sacaste, doña Inés.
                      Mudemos conversación,
                      que refrescas la memoria
                      de mi lamentable historia.

DOÑA INÉS   Si la comunicación
1280   quita la melancolía,
                      y en nuestra amistad consientes,
                      tu desgracia es bien me cuentes,
                      pues ya te dije la mía.

DOÑA JUANA   No, por tus ojos; que amores
                      ajenos cansan.

1285   DOÑA INÉS   Ea, amiga...
      DOÑA JUANA   En fin, ¿quieres te la diga?
                      Pues escúchame y no llores.
                      En Burgos, noble cabeza
                      de Castilla, me dio el ser
1290   don Rodrigo de Cisneros,
                      y sus desgracias con él.
                      Nací amante, ¡qué desdicha!,
                      pues desde la cuna amé
                      a un don Miguel de Ribera,
1295   tan gentil como cruel.
                      Correspondió a los principios
                      porque `la voluntad es
                      cambio que entra caudaloso
                      pero no tarda en romper.[15]
1300   `Llegó nuestro amor al punto
                      acostumbrado, que fue
                      a pagar yo de contado
                      fiada en su prometer.[16]
                      Diome palabra de esposo.
1305   ¡Mal haya la simple, amén,

---

15 **La voluntad...** "For passion is mankind's loose change, which comes to one in large amounts, yet in no time at all is spent" (Minter 125).

16 **Llegó nuestro...** *our love reached the usual point to which all love evolves, I had to pay in cash my dues while trusting his promise of marriage*

que no `escarmienta° en palabras   never learns
cuando tantas rotas ve!
Partiose a Valladolid:
cansado debió de ser.
Estaba sin padres yo;
súpelo, fuime tras él;
engañome con achaques,°   ailments
y ya sabes, doña Inés,
que el amor que anda achacoso,
de achaques muere también.
Dábale su casa y mesa
un primo que don Miguel
tenía, mozo y gallardo,
rico, discreto y cortés;
llamábase este don Gil
de Albornoz y Coronel,
de un don Martín de Guzmán
amigo, pero no fiel.
Sucedió que al don Martín
y a su padre, don Andrés,
les escribió de esta corte,
tu padre pienso que fue,
pidiéndole para esposo
de una hermosa doña Inés,
que, si mal no conjeturo,
tú sin duda debes ser.
Había dado don Martín
a una doña Juana fe
y palabra de marido;
mas `no osándola° romper   not daring
ofreció este casamiento
al don Gil, y el interés
de tu dote° apetecible   dowry
alas le puso a los pies.
Diole `cartas de favor°   presentation letters
el viejo, y quiso con él

partirse `al punto° a esta corte,   instantly
nueva imagen de Babel.[17]
Comunicó intento y cartas
1345   al amigo don Miguel,
mi ingrato dueño, ensalzando
la hacienda, belleza y ser
de su pretendida dama
hasta los cielos; que fue
1350   echar fuego al apetito
y su codicia° encender.   greed
Enamorose de oídas[18]
don Miguel de tí: al poder
de tu dote lo atribuye,
1355   que ya amor es mercader,
y atropellando amistades,
obligación,° deudo y fe,   commitment
de don Gil le hurtó las cartas
y el nombre, porque con él
1360   disfrazándose, a esta corte
vino, pienso que no ha un mes.
Vendiéndose° por don Gil,   pretending to be
te ha pedido por mujer.
Yo, que sigo como sombra
1365   sus pasos, vine tras él,
sembrando° por los caminos   sowed
quejas, que vendré a coger
colmadas de desengaños,
que es caudal del bien querer.
1370   Sabiendo don Gil su agravio,
quiso seguirle también,
y encontrámonos los dos,
siendo fuerza que con él
caminase hasta esta corte,

---

17 Madrid is likened to Babel, as a place full of people of different origins and
backgrounds in which confusion and deception are a part of everyday life.
18 **Enamoróse de...** *fall in love by hearsay*

1375		habrá nueve días o diez,
		donde aguardo la sentencia
		de mi amor, siendo tú el juez.
		Como vine con don Gil,
		y la ocasión° siempre fue

habrá nueve días o diez,
donde aguardo la sentencia
de mi amor, siendo tú el juez.
Como vine con don Gil,
y la ocasión° siempre fue   fate
1380 amiga de novedades,
que basta en fin ser mujer,
la semejanza° hechicera   resemblance
de los dos pudo encender,
mirándose él siempre en mí,
1385 y yo mirándome en él,
descuidos. Enamoróse
con tantas veras...

DOÑA INÉS   ¿De quién?
DOÑA JUANA De mí.
DOÑA INÉS   ¿Don Gil de Albornoz?
DOÑA JUANA Don Gil, a quien imité
1390 en el talle y en la cara,
`de suerte, que hizo un pincel
dos copias y originales
prodigiosas esta vez.¹⁹
DOÑA INÉS ¿Uno de unas calzas verdes?
1395 DOÑA JUANA Y tan verdes como él,
`que es abril de la hermosura
y del donaire Aranjuez.²⁰
DOÑA INÉS Bien le quieres, pues `le alabas.°   you praise him
DOÑA JUANA Quisiérale, amiga, bien,
1400 si bien no hubiera querido
a quien mal supo querer.
Tengo esposo, aunque mudable;
soy constante, aunque mujer;

---

19 **De suerte**... "That just for once a brush produced a pair of perfect copies which were also true originals" (Minter 129).
20 "Abril" and "Aranjuez" emphasize beauty as it relates to nature. While the month of April implies the blossoming that comes in the spring, Aranjuez is famous for its astonishing royal gardens (Zamora Vicente 182-83).

nobleza y valor `me ilustran;°   distinguishes me

1405   aliento y no celos ten;

que despreciando a don Gil,

`y viendo que don Miguel

tiene ya el sí de tu padre,

si sin ti le puede haber,[21]

1410   hice alquilar esta casa

donde de cerca sabré

el fin de tantas desdichas

como en mis sucesos ves.

Doña Inés   ¿Que don Miguel de Ribera

1415   el don Gil fingido fue

que, dueño tuyo y tu esposo,

quiere que yo el sí le dé?

Doña Juana   Esto es cierto.

Doña Inés   ¿Que el don Gil

verdadero y cierto fue

1420   aquel de las verdes calzas?

¡Triste de mí! ¿Qué he de hacer

si te sirve, cara° Elvira?   dear

Y aun por eso no me ve,

que no le bastan dos ojos

1425   para llorar tu desdén.

Doña Juana   Como a don Miguel desprecies,

también yo desdeñaré

a don Gil.

Doña Inés   ¿Pues de eso dudas?

Hombre que tiene mujer,

1430   ¿cómo puede ser mi esposo?

No temas eso.

Doña Juana   Pues ven,

que a don Gil quiero escribir

en tu presencia un papel

que llevará mi escudero,

---

21 **Y viendo**… *and seeing that don Miguel now has your father's consent, if that can be when you haven't given yours yet*

1435 y su muerte escrita en él.

DOÑA INÉS ¡Ay, Elvira de mis ojos,
tu esclava tengo de ser!

DOÑA JUANA (*Aparte.*) Ya esta boba está en la trampa.
Ya soy hombre, ya mujer,
1440 ya don Gil, ya doña Elvira;
mas si amo, ¿qué no seré? (*Vanse.*)

(QUINTANA *y* DON MARTÍN.)

DON MARTÍN ¿Y que tú mismo la dejas
en un convento, Quintana?

QUINTANA Yo mismo, a tu doña Juana,
1445 en San Quirce,[22] `dando quejas°   moaning
y suspiros, porque está
con indicios de preñada.

DON MARTÍN ¿Cómo?

QUINTANA   `No la para nada
en el estómago[23] y da
1450 unas arcadas° terribles,   nauseous
la basquiña° se le aova,°   skirt, swells
`pésale más que una arroba
el paso que da,[24] `imposibles
se le antojan.[25] Vituperio°   great shame
1455 de su linaje° serás   family lineage
si a consolarla no vas
y pare° en el monasterio.   gives birth

DON MARTÍN Quintana, jurara yo
que desde Valladolid
1460 había venido a Madrid
a perseguirme.

QUINTANA   Eso no,

22 Monastery in Valladolid.
23 **No la...** *she vomits every time she eats*
24 **Pésale más...** *each step she takes weighs more than a ton of lead*
25 **Imposibles se...** *she has cravings that are impossible to provide for*

	`ni haces bien en no tenella	
	en opinión más honrada.²⁶	
DON MARTÍN	¿No pudiera disfrazada	
	seguirme?	

DON MARTÍN   ¿No pudiera disfrazada
seguirme?

1465   QUINTANA   `¡Bonita es ella!²⁷
Esta es la hora que está
rezando entre sus iguales
los salmos° penitenciales   hymns
por ti. ¿Esa carta` no da
1470   certidumbre° que te digo   doesn't prove
la verdad?

DON MARTÍN   Quintana, sí.
Las quejas que escribe aquí
`mucho han de poder conmigo.²⁸
Vine a cierta pretensión°   business
1475   a Madrid, que el Rey confirme,
y partí sin despedirme
de ella por la dilación
forzosa que en mi partida
su amor había de poner,
1480   pero pues llego a saber
que corre riesgo su vida
`y que mi amor coge el fruto
que su hermosura me ofrece,²⁹
cualquier tardanza parece
1485   pronóstico° de mi luto.°   prediction, grief
Partireme esta semana
sin falta, concluya o no
a lo que vine.

QUINTANA   Pues `yo
tomo la posta° mañana,   I [will] rent a h[orse]
1490   y a pedirla me adelanto

---

26 **Ni haces...** *you are wrong to think so ill of her*
27 **¡Bonita es...** *that's not her!*
28 **Mucho han...** *moved me deeply*
29 **Y que...** *and that my love will receive the fruit (the child) her beauty offers me*

	las albricias.°	reward for good news
DON MARTÍN	Bien harás.	

Hoy esta corte verás,
y yo escribiré entretanto.
¿Dónde tienes la posada?

1495　　　　　Que no te llevo a la mía
porque malograr podría
una traza comenzada
que después sabrás despacio.

QUINTANA　Junto al mesón de Paredes³⁰
vivo.

DON MARTÍN　Bien.

1500　QUINTANA　　　　　Mañana puedes,
si tienes de ir a palacio,
darme las cartas allá.

DON MARTÍN　En buen hora. (*Aparte.*) No he querido
que vaya donde he fingido

1505　　　　　ser don Gil, que `deshará
la máquina que levanto.³¹

QUINTANA　Voyme, pues, a negociar.

DON MARTÍN　Adiós.

QUINTANA　[*Aparte.*] ¿En qué ha de parar,
cielos, embeleco tanto? (*Vase.*)

1510　DON MARTÍN　Basta, que ya padre soy;
basta, que está doña Juana

preñada. Afición liviana,

villano° pago le doy.　　　　　　　unworthy

Con un hijo, es torpe° modo　　　　　clumsy

1515　　　　　el que aquí pretender quiero,
indigno de un caballero.
Pongamos remedio en todo
dando la vuelta a mi tierra.

30　Inn in Madrid that Quintana uses as a reference to indicate the place where
he is staying.

31　**Deshará la...** *he'll wreck my plans*

(*Sale* Don Juan.)

Don Juan	Señor don Gil de Albornoz,	
1520	si, como `corre la voz,°	it's rumored
	valor vuestro pecho encierra	
	`para lucir el acero,³²	
	al paso que pretender°	to woo
	contra su gusto mujer,	
1525	pensamiento algo grosero,	
	yo, que soy interesado	
	`en esta parte, quisiera	
	que saliésemos afuera	
	del lugar, y que en el Prado	
1530	o Puente, sin que delante	
	tuviésemos tanta gente,	
	mostrásedes ser valiente,	
	como mostráis ser amante.³³	
Don Martín	La cólera requemada°	burned
1535	cortad por lo que os importa,	
	que para quien no la corta,	
	corta cóleras mi espada,	
	que `yo, que más flema tengo,³⁴	
	no riño° sin ocasión.	challenge (to a d
1540	Si vos tenéis afición	
	cuando yo a casarme vengo	
	y me aborrece mi dama,	
	`pues en su mano dejó	
	Naturaleza el *sí* y *no*,	
1545	y vos presumís que os ama,	
	pretendámosla los dos,³⁵	

---

32 **Para lucir...** *to draw that sword*
33 In these verses don Juan challenges don Martín to a duel in a more private place.
34 **Yo que...** *I'm more reasonable*
35 **Pues en...** *nature has given her the power to answer 'yes' or 'no' when she is asked and if you think she loves you, let's both of us become her suitors, then*

		que cuando el *no* me dé a mí
		y vos salgáis con el *sí*,
		no reñiré yo con vos.
1550	DON JUAN	Ella me ha dicho que es fuerza
		hacer de su padre el gusto,
		y que amándola, no es justo
		la deje casar por fuerza,
		y en fe desta sinrazón,° wrong
1555		o nos hemos de matar
		o no os habéis de casar,
		` dejando su pretensión.³⁶
	DON MARTÍN	¿Doña Inés dice que quiere
		a su padre obedecer,
1560		y mi esposa admite ser?
	DON JUAN	A su inclinación prefiere
		la caduca° voluntad feeble
		de su padre.
	DON MARTÍN	` Y por ventura
		perder esa coyuntura
1565		¿no sería necedad?³⁷
		Si con lo que yo procuro
		salgo, ¿no es torpe imprudencia
		el ` poner en contingencia° to risk
		lo que ya tengo seguro?
1570		¡Muy bueno fuera, por Dios,
		que después de reducida,° subdued
		si yo no os quito la vida
		me la quitásedes vos,
		perdiendo mujer tan bella,
1575		y que, después de adquirido
		el nombre de su marido,
		os la dejase doncella!° virgin maid
		No, señor. Permitid vos
		que logre de doña Inés

36 **Dejando su**... *giving up your plans to wed her [doña Inés]*
37 **Y por**... *I'd be foolish to give up such a match*

1580		la belleza, y de allí a un mes
		podremos reñir los dos.
	DON JUAN	O hacéis de mí poco caso
		o tenéis poco valor.
		Pero a vuestro necio amor
1585		sabré yo atajar el paso
		en parte donde no tema
		el favor que aquí os provoca. (*Vase.*)
	DON MARTÍN	` Para su cólera loca
		no ha sido mala mi flema.[38]
1590		Si está doña Inés resuelta,
		y a ser mi esposa se allana,
		perdonará doña Juana,
		y mi amor dará la vuelta,
		si a Valladolid quería
1595		llevarme; que el interés
		y beldad° de doña Inés
		excusan la culpa mía.

beauty

(*Sale* OSORIO.)

	OSORIO	Gracias a Dios que te veo.
	DON MARTÍN	Seas, Osorio, bien venido.
		¿Hay cartas?
1600	OSORIO	Cartas ha habido.
	DON MARTÍN	¿De mi padre?
	OSORIO	En el correo
		a la mitad de su lista
		` a ciento y doce leí[39]
		este pliego° para ti. (*Dásele.*)

parcel

| 1605 | DON MARTÍN | Libranza° habrá a letra vista. (*Ábrele.*) |

bill of exchang

---

38 **Para su…** *my phlegm [composure] withstood the anger of don Juan*
39 For Zamora Vicente, there is an inside joke behind choosing these two specific numbers. "Ciento" refers to a game of cards and "doce," a trick in that game. Therefore the expression "ciento y doce" would allude to an illegal way to win or get something (194).

OSORIO   ¿Quién duda?

DON MARTÍN   Este sobrescrito°   *parcel address*
dice: "A don Gil de Albornoz."

OSORIO   `Corre por ti la tal voz.⁴⁰

DON MARTÍN   Esta otra cubierta quito.

1610   (*LEE.*) "A mi hijo don Martín."
Y esta otra. "A Agustín Solier
de Camargo,⁴¹ mercader."°   *merchant*

OSORIO   `¡Bien haya° el tal Agustín   *Heaven bless*
si en él nos libran dinero!

1615   DON MARTÍN   Eso, Osorio, es cosa cierta.

OSORIO   ¿Adónde vive?

DON MARTÍN   A la Puerta
de Guadalajara.⁴²

OSORIO   Quiero
besarla `por lo que a mí
me toca,⁴³ que ya `no había
casi blanca.⁴⁴

1620   DON MARTÍN   Abro la mía
primero.

OSORIO   Bien.

DON MARTÍN   Dice así:
Carta (*Lee.*) "Hijo: cuidadoso estaré
hasta saber el fin de nuestra
pretensión, cuyos principios,
según me avisáis, prometen buen
suceso. Para que le consigáis, `os
remito° esta libranza de mil escudos   *I'm enclosing*
y esa carta para Agustín Solier, mi
corresponsal. Digo en ella que son
para don Gil de Albornoz, un deudo

---

40 **Corre por**... *name by which you are known*
41 Municipality in the Province of Cantabria, in Northern Spain.
42 Eastern gate in old Madrid.
43 **Por lo**... *for what's due to me*
44 **No había**... *no money was left*

mío. No vais vos a cobrarlos, porque
os conoce, sino Osorio, diciendo que
es mayordomo de dicho don Gil.
Doña Juana de Solís falta de su casa
desde el día que os partístes. Si en ella
están confusos no lo ando yo menos,
temiendo no os haya seguido y impida
lo que tan bien nos está. Abreviad
lances,° y en desposándoos,   matters
avisadme para que yo al punto
me ponga en camino, y tengan
fin estas marañas. Dios os me
guarde como deseo. Valladolid
y agosto, etc. Vuestro padre."

OSORIO	¿No escuchas que doña Juana
	falta de su casa?
DON MARTÍN	Ya

Sé yo dónde oculta está.

1625 Ahora llegó Quintana
con carta suya, y por ella
he sabido que encerrada
está en San Quirce, y preñada.

OSORIO `Parirá en fe de doncella.[45]

1630 DON MARTÍN Huyose sin avisar
a su padre; que afligida
de celos de mi partida,
no la darían lugar
el sobresalto y la prisa,
1635 y esta será la ocasión
de la pena y confusión
que aquí mi padre me avisa.
Pero entretendrela ahora
escribiéndola, y despúes
1640 que posea a doña Inés,

---

45 **Parirá en...** *she will give birth being a maiden still*

[I] became a nun

puesto que mi ausencia llora,
la diré que `tome estado
de religiosa.°

OSORIO   Si está
en San Quirce, `ya tendrá
1645   lo más del camino andado.[46]

(*Sale* AGUILAR.)

AGUILAR   ¿Es el señor don Gil?
DON MARTÍN   Soy
amigo vuestro, Aguilar.
AGUILAR   Don Pedro os envía a llamar,
y por buena nueva os doy
1650   que pretende hoy desposaros
con su sucesora° bella,   *heir*
`aunque llantos atropella.[47]
DON MARTÍN   Quisiera en albricias daros
el Potosí.[48] Esta cadena,
1655   aunque de poco valor,
en fe de vuestro deudor...

(*Va a echarse* DON MARTÍN *las cartas en la faltriquera°*   *pocket*
y mételas por entre la sotanilla,° y cáensele en el suelo.)   *cape*

AGUILAR   Para mal de ojos es buena.
DON MARTÍN   Vamos, e irás a cobrar
esos escudos, Osorio,
1660   que si es hoy mi desposorio,
todos los he de emplear
en joyas para mi esposa.
OSORIO   Para su belleza es poco.

---

46   **Ya tendrá...** *she is already more than halfway [there]*
47   **Aunque llantos...** "though he be forced to quell her tears" (Minter 145)
48   Bolivian hill, commonly used as a reference to express extraordinary afflu-
ence, since it supplied silver ore during the Spanish Empire.

(*Los dos aparte.*)
`Bien se dispone.[49]

DON MARTÍN   Estoy loco.

1665   ¡Ay, mi doña Inés hermosa! (*Vanse.*)

(*Salen* DOÑA JUANA, *de hombre, y* CARAMANCHEL.)

CARAMANCHEL   No he de estar más de un instante,
señor don Gil invisible,
con vos, que es cosa terrible
despareceros delante
de los ojos.

1670   DOÑA JUANA   Si me pierdes...

CARAMANCHEL   Un pregonero he cansado
diciendo: "El que hubiere hallado
a un don Gil con calzas verdes
perdido de ayer acá,

1675   dígalo y daránle luego
su hallazgo." Ved qué sosiego
para quien sin blanca está.
Un real de misas he dado
a las ánimas° por vos,   souls

1680   y a `San Antonio otros dos,
de lo perdido abogado.[50]
No quiero más tentación,
que me dais que sospechar
que sois duende o familiar,

1685   y temo a la Inquisición.
Pagadme, y adiós.

DOÑA JUANA   Yo he estado
todo este tiempo escondido
en una casa que ha sido
mi cielo, porque he alcanzado

1690   la mejor mujer en ella

---

49   **Bien se...** *all's going well*

50   Saint Anthony of Padua is the patron saint of lost objects.

de Madrid.

CARAMANCHEL   ¿Chanzas° hacéis?   jokes
¿Mujer vos?

DOÑA JUANA   Yo.

CARAMANCHEL   ¿Pues tenéis
dientes vos para comella?
¿O es acaso doña Inés,

1695 la damaza° de la huerta,   lady
por las verdes calzas muerta?
Sí será.

DOÑA JUANA   A lo menos es
otra más bella que vive
pegada a la casa de esa.

CARAMANCHEL   ¿Es Juguetona?

1700 DOÑA JUANA   Es muy traviesa.

CARAMANCHEL   ¿Da?

DOÑA JUANA   Lo que tiene.

CARAMANCHEL   ¿Y recibe?

DOÑA JUANA   Lo que la dan.

CARAMANCHEL   Pues retira
la bolsa, imán de una dama.
¿Llámase?

DOÑA JUANA   Elvira se llama.

1705 CARAMANCHEL   `Elvira, pero sin vira.⁵¹

DOÑA JUANA   Ven, llevarasme un papel.

CARAMANCHEL   De ellos hay un pliego aquí.

(`*Alza las cartas.°*)   lift them up

Oye, que son para tí.

DOÑA JUANA   ¿Para mí, Caramanchel?

1710 CARAMANCHEL   El sobrescrito rasgado°   torn
dice: "A don Gil de Albornoz."

DOÑA JUANA   Muestra. ¡Ay, cielos!

---

51 Wordplay on the first name "Elvira" and the noun "vira," which refers to a
type of arrow.

Caramanchel	En la voz	
	y cara te has alterado.	
Doña Juana	Dos cerradas y una abierta	
	vienen.	
1715 Caramanchel	Mira para quién.	
Doña Juana	Pronósticos de mi bien	
	hacen mi ventura cierta.	
	(*Lee.*) "A don Pedro de Mendoza	
	y Velasteguí." Este es	
1720	el padre de doña Inés.	
Caramanchel	Algún galán de la moza	
	te pone por medianero°	go-between
	con su padre, que querrá	
	que le cases.	
Doña Juana	` Y hallará	
1725	a propósito el tercero.[52]	
Caramanchel	Mira ese otro sobrescrito.	
Doña Juana	Dice aquí. "A Agustín Solier	
	de Camargo, mercader."	
Caramanchel	Ya le conozco, un corito°	from Asturias
1730	es, que tiene más caudal°	wealth
	de cuantos la puerta ampara	
	aquí de Guadalajara.[53]	
Doña Juana	Pues tenlo a buena señal.	
	Esta abierta es para mí.	
Caramanchel	Mírala.	
1735 Doña Juana	[*Aparte.*] ¿Quién duda que es	
	el pliego de don Andrés	
	para don Martín? (*Léela para sí.*)	
Caramanchel	¿Que así	
	haya quien hurte en la corte	
	las cartas? Delito grave.	
1740	` Pero si las nuevas sabe	
	a costa no más del porte,	

---

52 **Y hallará**... *and he will find this broker very appropriate*
53 See footnote 41 (Act II)

¿quién las dejará de ver?
A alguno que las sacó
y el pliego por yerro abrió

1745　　　　　　　se le debió de caer.⁵⁴

DOÑA JUANA　　(*Aparte.*) ¡Dichosa soy en extremo!
A buen presagio° he tenido　　　　　　omen
que a mi mano hayan venido
estas cartas. Ya no temo
mal suceso.

1750 CARAMANCHEL　　　　　　　　¿Cuyas son?

DOÑA JUANA　　De un mi tío de Segovia.

CARAMANCHEL　　A Inés querrá para novia.

DOÑA JUANA　　Acertaste su intención.
Una libranza me envía

1755　　　　　　　para que joyas la dé
de hasta mil escudos.

CARAMANCHEL　　　　　　　　　　Fue
mi sospecha profecía;
`vendrá en Agustín Solier
librada.⁵⁵

DOÑA JUANA　　　　　　　En esta le escribe
que los dé luego.

1760 CARAMANCHEL　　　　　　　　Recibe
el dinero en tu poder,
y no me despediré
de ti en mi vida.

DOÑA JUANA　　(*Aparte.*)　　　A Quintana
voy a buscar. ¡Qué mañana

1765　　　　　　　tan dichosa!° `Con buen pie　　　　　fortunate
me levanté hoy;⁵⁶ marañas
traza nuevas mi venganza.

54　**Pero si...** *But if they learn the news and pay the carrier's fee and nothing more,
then anyone could know the news. Someone who came to fetch his mail opened the
letter by mistake and dropped it*

55　**Vendrá en...** *will Agustín Solier give you the money*

56　**¡Con buen...** *I got up and found good fortune at my feet!*

	Hoy cobrará la libranza
	Quintana, y de mis hazañas
1770	verá presto el fin sutil.
CARAMANCHEL	Por si otra vez te me pierdes
	` me encajo° tus calzas verdes.
DOÑA JUANA	Hoy sabrán quién es don Gil. (*Vanse.*)

I put on

(*Salen* DOÑA INÉS y DON PEDRO, *su padre.*)

DOÑA INÉS	Digo, señor, que vives engañado,
1775	y que el don Gil fingido que me ofreces,
	no es don Gil, ni jamás se lo han llamado.
DON PEDRO	¿Por qué mintiendo, Inés, ` me desvaneces?°
	Don Andrés ¿no me ha escrito por este hombre?
	¿No dice que es don Gil el que aborreces?
1780	DOÑA INÉS	` Don Miguel de Cisneros es su nombre,⁵⁷

you confuse me

1780 DOÑA INÉS	` Don Miguel de Cisneros es su nombre,[57]
	con una doña Elvira desposado;
	su patria es Burgos. Porque más te asombre,
	la misma doña Elvira me ha contado
	todo el suceso, que en su busca viene,
1785	y del mismo don Gil es un traslado.°
	Pared en medio desta casa tiene
	la suya. Hablarla puedes y informarte
	de todo este embeleco, que es solene.
DON PEDRO	Advierte, Inés, que debe de burlarte,
1790	pues no puede ser falsa aquesta firma,
	ni a la natraleza engaña el arte.
DOÑA INÉS	Pues si esa carta tu opinión confirma,
	repara en que don Gil, el verdadero,
	en quien mi voluntad su amor confirma,
1795	es un gllardo y joven caballero
	que por la gracia de un verde vestido
	con que le vi en la huerta el día primero,

duplicate

---

57 Tirso previously gave the last name of Ribera to don Miguel, but in this verse he refers to him as don Miguel de Cisneros. For Zamora Vicente this is a mistake made on purpose, in order to emphasize the confusion among the characters.

calzas verdes le dí por apellido.
Este, pues, por la fama aficionado
1800　de mí o mi dote y luego persuadido
de don Andrés a que `tomase estado,°　　　　　to marry
le hizo que viniese con el pliego
en su abono, que tanto te ha engañado.
Era su amigo don Miguel, y luego
1805　que supo de él, estando de partida,
mi hacienda y calidad,° encendió fuego　　　　rank
el interés que la amistad olvida,
y sin mirar que estaba desposado
con doña Elvira, un tiempo tan querida,
1810　teniéndole en su casa aposentado°　　　　　　lodged
le hurtó las cartas una noche y vino
en la posta a esta corte disfrazado.
`Ganole por la mano en el camino,⁵⁸
fingió que era don Gil; dióte ese pliego
1815　y con él entabló su desatino.
El don Gil verdadero vino luego,
que fue el que vi en la huerta y al que mira
como a su objeto mi amoroso fuego;
no osó contradecir tan gran mentira
1820　por ver tan apoyado su embeleco,
hasta que a verme vino doña Elvira.
Esta me dijo el marañoso trueco°　　　　　　scheme
y los engaños del don Gil postizo°　　　　　　false
que funda su esperanza en mármol seco.
1825　Doña Elvira, señor, me satisfizo.
Mira lo mucho que en casarme pierdes
con quien lo está con otra, y esto hizo.

DON PEDRO　¿Hay semejante embuste?

DOÑA INÉS　　　　　　　　　Que te acuerdes
de este suceso importa.

DON PEDRO　　　　　　　　¿No vería

58　**Ganóle por...** "By leaving thus, he gained the upper hand" (Browning and
Minelli 248).

1830   yo al don Gil de las calzas, Inés, verdes?
        DOÑA INÉS   Doña Elvira me dijo le enviaría
                          a hablarte y verme aquesta misma tarde.
        DON PEDRO   ¿Pues cómo tarda?
        DOÑA INÉS   Aún no es pasado el día.
                          ¿Pero no es éste, cielos? Haga alarde
1835   con su presencia la esperanza mía.

(*Sale* DOÑA JUANA, *de hombre.*)

        DOÑA JUANA   A daros satisfación,
                          señora, de mi tardanza
                          vengo y a pedir perdón
                          no de que en mí haya mudanza
1840   sino de mi dilación.
                          Hame tenido ocupado
                          estos días el cuidado°   predicament
                          en que me puso un traidor,
                          que por lograr vuestro amor
1845   hasta el nombre me ha usurpado,
                          no falta de voluntad,
                          pues desde el punto que os vi
                          os rendí la libertad.
        DOÑA INÉS   Yo sé que eso no es así,
1850   pero sea o no verdad,
                          conoced, señor don Gil,
                          a mi padre que os desea,
                          y entre confusiones mil
                          persuadilde a que no crea
1855   enredos de un pecho vil.
        DOÑA JUANA   A mucha suerte he tenido,
                          señor, haberos hallado
                          aquí, y `llegara corrido
                          a no haberme asegurado
1860   cartas que hoy he recibido
                          de don Andrés de Guzmán,

que quimeras desharán
de quien con firmas hurtadas
pretendió ver malogradas
1865 mis esperanzas.[59] Si dan
fe y crédito estos renglones°   lines
y me abona° este papel   gives me credit
(*enséñale las cartas*)
no admitáis satisfaciones
fingidas de don Miguel
1870 o guardaos de sus traiciones.
(*Míralas* DON PEDRO.)

DON PEDRO   Yo estoy, señor, satisfecho
de lo que decís y afirma
vuestro generoso pecho.
Esta letra y esta firma
1875 del agravio que os he hecho
(si es que soy yo quien lo hice),
fue la causa, y ahora `es
favor con que os autorice.[60]
Sí, letra es de don Andrés.
(*Míralas otra vez.*)
1880 Quiero mirar lo que dice.
(*Lee para sí* [*y ellas hablan aparte.*])

DOÑA INÉS   ¿Cómo va de voluntad?

DOÑA JUANA   Vos, que sus llaves tenéis,
por mí la respuesta os dad.

DOÑA INÉS   Desde ayer acá queréis
1885 mucho nuestra vecindad.

DOÑA JUANA   ¿Desde ayer? Desde que os mira
el alma que en ella os ve,
y en vuestra ausencia suspira.

DOÑA INÉS   ¿En mi ausencia?

---

59 **Llegara corrido**... *I would have come in great distress had I not received some letters from don Andrés de Guzmán today that will put an end to the lies of he who, by faking signatures, has tried to bring my hopes to naught*
60 **Es favor**... *It is now a favor with which I authorize you*

Doña Juana	¿Pues no?	
Doña Inés	`¿A fe?[61]	

1890 ¿Y no en la de doña Elvira?

Don Pedro Aquí otra vez `me encomienda° *he entrusts me*
don Andrés la conclusión
de vuestra boda, y que entienda
la mucha satisfación
1895 de vuestra sangre y hacienda.
El don Miguel de Cisneros
es gentil enredador.° *troublemaker*
Mucho gano en conoceros.
Hoy habéis de ser señor
desta casa.

1900 Doña Juana ¿Que teneros
por dueño y padre merezco?
Mil veces me dad los pies.

Don Pedro Los brazos sí que os ofrezco (*abrázale*)
y en ellos a doña Inés.

1905 Doña Inés Mi dicha al cielo engrandezco. (*Abrázala.*)

Doña Juana (*A ella.*) Desta suerte satisfago
los celos de la vecina
que tenéis.

Doña Inés Y yo deshago
sospechas, porque me inclina
vuestro amor.

1910 Doña Juana Con ese os pago.

(*Sale* Quintana.)

Quintana Don Gil mi señor, ¿está
aquí?

Doña Juana (*A él aparte.*) ¡Quintana! ¿Has cobrado
libranza y escudos?

Quintana Ya,

---

61 **¿A fe**... *can that be true?*

	en `oro puro y doblado.[62]	
1915	DOÑA JUANA	(*A ellos.*) Yo vendré a la noche acá,
	que una ocurrencia° forzosa,	matter
	mi bien, me obliga a apartar	
	de vuestra presencia hermosa.	
	DON PEDRO	No hay para qué dilatar°	delay
1920	el desposorio,° que es cosa	wedding
	que corre peligro.	
	DOÑA JUANA	Pues
	esta noche estoy resuelto	
	en desposarme.	
	DON PEDRO	Mi Inés
	será vuestra.	
	DOÑA JUANA	`Habeisme vuelto
	el alma al cuerpo.[63]	
1925	DOÑA INÉS	¡Interés
	dichoso!	
	DOÑA JUANA	La vuelta doy
	luego.	
	QUINTANA	[*Aparte.*] `¡Quimera sutil!°	cunning scheme
	DOÑA JUANA	Adiós, que a Palacio voy.
	QUINTANA	[*A ella.*] Vamos, Juana, Elvira, Gil.
1930	DOÑA JUANA	[*A él.*] Gil, Elvira y Juana soy.

(*Vanse los dos.*)

	DON PEDRO	¡Qué muchacho y qué discreto
	es el don Gil! Grande amor	
	le he cobrado, te prometo;	
	`vuélvame el enredador	
1935	a casa,[64] verá el efeto	
	de sus embustes.	

---

62 **Oro puro**... *gold in doubloons*
63 **Habeisme vuelto**... *you've restored my soul*
64 **Vuélvame el**... *but let this other troublemaker take me home*

(*Salen* DON MARTÍN y OSORIO [*y hablan a otro lado*].)

DON MARTÍN	¿Adónde se me pudieron caer? Si lo advertiste,° responde.	you noticed
OSORIO	Pues ¿puédolo yo saber?	
1940	¿Junto a la casa del Conde no las leíste?	
DON MARTÍN	¿Has mirado todo lo que hay desde allí?	
OSORIO	`De modo que no he dejado un solo átomo hasta aquí.⁶⁵	
DON MARTÍN	¿Hay hombre más desdichado?	
1945	¡Pliego y escudos perdidos!	
OSORIO	Haz cuenta que `los jugaste,° en vez de comprar vestidos y joyas.	gambled them
DON MARTÍN	¿No lo miraste bien?	
1950 OSORIO	Con todos mis sentidos.	
DON MARTÍN	Pues vuelve, que podrá ser que los halles.	
OSORIO	¡Linda esperanza!	
DON MARTÍN	Pero no, ve al mercader, que no acepte la libranza.	
OSORIO	Eso es mejor.	
1955 DON MARTÍN	¿Que a perder un pliego de cartas venga un hombre como yo? [*Ven a los otros.*]	
OSORIO	Aquí está tu dama.	
DON MARTÍN	Hoy se venga su menosprecio° de mí.	scorn
1960 OSORIO	Ruega a Dios que no la tenga	

---

65 **De modo...** *I've look so thoroughly that I haven't missed a single spot so far*

pagada.

(*Vase* OSORIO.)

DON MARTÍN	¡Oh, señores! (*Aparte.*) Quiero
	disimular mi pesar.
DON PEDRO	¿Es digno de un caballero,
	don Miguel, el enredar
1965	con disfraces de embustero?
	¿Es bien que os finjáis don Gil
	de Albornoz si don Miguel
	sois, y con astucias° mil,
	siendo ladrón de un papel,
1970	queráis por medio tan vil
	usurparle a vuestro amigo
	el nombre, opinión y dama?
DON MARTÍN	¿Qué decís?
DON PEDRO	Esto que digo,
	y guardaos° que de esta trama
1975	no os haga dar el castigo
	que merecéis. Si os llamáis
	vos don Miguel de Cisneros,
	¿para qué nombres trocáis?°
DON MARTÍN	¿Yo? No acabo de entenderos.
1980	DON PEDRO ¡Qué bien lo disimuláis!
DON MARTÍN	¿Yo don Miguel?
DOÑA INÉS	Ya sabemos
	que sois de Burgos.
DON MARTÍN	¡Mentira
	solemne!
DOÑA INÉS	¡Buenos extremos![66]
	Cumplid la fe a doña Elvira,
1985	o a la justicia diremos
	cuán grande embelecador

ploys

---

66 **¡Buenos extremos!**... *shame on you!*

sois.

DON MARTÍN   ¡Pues habéisme cogido
los dos de muy buen humor
en ocasión que he perdido
1990   seso° y escudos!° Señor,   wit, ducats
¿quién es el autor cruel
de quimera tan sutil?

DON PEDRO   Sabed, señor don Miguel,
que el verdadero don Gil
1995   se va ahora de aquí, y de él
tengo la satisfación
que vuestro crédito pierde.

DON MARTÍN   ¿Qué don Gil o maldición
es éste?

DON PEDRO   Don Gil el verde.
2000   DOÑA INÉS   Y el blanco° de mi afición.   target
DON PEDRO   Id a Burgos entretanto
que él se casa, y haréis bien,
y no finjáis ese espanto.°   dismay

DON MARTÍN   ¡Válgate el demonio, amén,
2005   por don Gil o por encanto!
¡Vive Dios, que algún traidor
os ha venido a engañar!
Oíd.

DOÑA INÉS   Pasito,° señor,   calm down
que le haremos castigar
2010   por archiembelecador.

(*Vanse los dos.*)

DON MARTÍN   ¿Hay confusión semejante?
¡Que este don Gil me persiga
invisible cada instante
y que, por más que le siga,
2015   nunca le encuentre delante!
Estoy tan desesperado,

que `por toparme con él°   to bump into him
diera cuanto `he granjeado.°   I've gained
¿Yo en Burgos? ¿Yo don Miguel?

(*Sale* Osorio.)

2020	Osorio	`¡Buen lance habemos echado![67]
	Don Martín	¿Has hablado al mercader?
	Osorio	Más me valiera que no.
		Un don Gil o Lucifer,
		todo el dinero cobró.
2025		Malgesí[68] debe de ser.
	Don Martín	¿Don Gil?
	Osorio	De Albornoz se firma
		dándole carta de pago.
		Solier me enseñó su firma.
	Don Martín	¡Este don Gil será estrago° damage
		de toda mi casa!
2030	Osorio	Afirma
		el Solier que anda vestido
		de verde, por que te acuerdes
		de lo que has por él perdido.
	Don Martín	Don Gil de las calzas verdes
2035		ha de quitarme el sentido.
		Ninguno me haga creer
		sino que se disfrazó,
		para obligarme a perder,
		algún demonio y me hurtó
2040		las cartas que al mercader
		ha dado.
	Osorio	Hará enredos mil,
		que sabe muchas vejeces° old tricks

---

67 **¡Buen lance**... *what a mess!*
68 Character in Ariosto's poem *Orlando Furioso* (1516) known for his witchcraft
and magical powers.

`el enemigo sutil.[69]
Ven, señor.

DON MARTÍN   ¡Jesús mil veces!

2045   ¡Válgate el diablo el don Gil!

---

69 Reference to The Devil.

ACTO TERCERO

Salen DON MARTÍN *y* QUINTANA.

DON MARTÍN	No digas más; basta y sobra
	saber por mi mal, Quintana,
	que murió mi doña Juana.
	Muy justa venganza cobra
	el cielo de mi crueldad,
	de mi ingratitud y olvido.
	El que su homicida ha sido
	soy yo, no su enfermedad.
QUINTANA	Déjame contarte el cómo
	sucedió su muerte en suma.
DON MARTÍN	ʿVuela el mal con pies de pluma,
	viene el bien con pies de plomo.¹
QUINTANA	Llegué no poco contento
	con tu carta, en que fundéˢ
	albricias que no cobré.
	Regocijose el convento;
	salió a una redˢ doña Juana;
	díjela que en breves días
	en su presencia estarías,
	que su sospecha era vana.
	Leyó tu carta tres veces,
	y cuando iba ʿa desprenderˢ

Line numbers: 2050, 2055, 2060, 2065

Glosses: *anticipated* (2058), *grille* (2062), *to let go* (2067)

---

1 **Vuela el**... *good news arrives on feet of lead, sorrow flies on winged heels*

	joyas con que enriquecer
	mis albricias ‘(todas nueces,
2070	gran ruido y poco fruto),²
	dijéronla que venía
	su padre y que pretendía
	convertir su gozo en luto
	dando venganza a su honor.
2075	‘Encontráronse a la par³
	el placer con el pesar,
	la esperanza y el temor;
	y como estaba preñada
	fue el susto tan repentino
2080	que a malparir al fin vino
	una niña mal formada,
	y ella, al dar el primer grito,
	dijo: "Adiós, don Mar..." y en fin,
	quedándose con el "tín"
2085	murió como un pajarito.

DON MARTÍN   No digas más.

QUINTANA   Ni aunque quiera
podré, porque en pena tanta
tengo el alma a la garganta
y a un suspiro saldrá fuera.

2090   DON MARTÍN   ¿Ahora que no hay remedio,
osáis, temor atrevido,
echar del alma el olvido
y entraros vos de por medio?
¿Ahora llora y suspira
2095   mi pena? ¿Ahora pesar?

QUINTANA   (*Aparte.*) No sé en lo que ha de parar
tanta suma de mentira.

DON MARTÍN   No es posible, sino que es
el espíritu inocente
2100   de doña Juana el que siente

---

2 **Todas nueces...** *like Adam's apple, which makes noise but bears no fruit*
3 **Encontráronse a...** *they met face to face*

que yo quiera a doña Inés
y que en castigo y venganza
del mal pago que la di
se finge don Gil y aquí

2105   hace guerra a mi esperanza,
porque el perseguirme tanto,
el no haber parte o lugar
adonde a darme pesar
no acuda, si no es encanto,°   witchcraft

2110   ¿qué otra cosa puede ser?
El no dejar casa o calle
que no busque por hallalle,
el nunca llegarle a ver,
el llamarse de mi nombre,

2115   ¿no es todo esto conjetura
de que es su alma que procura
que la vengue y que me asombre?

QUINTANA   (*Aparte.*) ¡Esto es bueno! Doña Juana
cree que es `alma que anda en pena.°   wandering soul

2120   ¿Vio el mundo chanza más buena?
`Pues no le ha de salir vana
porque tengo de apoyar
este disparate.⁴ (*A él.*) A mí
parecíame hasta aquí

2125   lo que escuchaba contar,
desde el día que murió
mi señora, `que sería
sueño que a la fantasía
el pesar representó,⁵

2130   pero después que te escucho
que el alma de mi señora
te persigue cada hora,

---

4   **Pues no**...*but this'll be no vain belief, I must play my part as best I can in all of this nonsense*

5   **Que sería**... "a dream, which in men's fantasy their grief had fashioned in some way" (Minter 175).

`no tendré, señor, a mucho⁶
lo que en Valladolid pasa.

<table>
<tr><td>2135</td><td>DON MARTÍN</td><td>¿Pues qué es lo que allá se dice?</td></tr>
<tr><td></td><td>QUINTANA</td><td>Temo que te escandalice;</td></tr>
</table>

pero no hay persona en casa
de mi señor tan osada°   bold
que duerma sin compañía,
si no fui yo, desde el día
que murió la mal lograda,
porque se les aparece
con vestido varonil
diciendo que es un don Gil,
`en cuyo hábito padece,⁷
porque tú con este nombre
andas aquí disfrazado
y sus penas has causado.
Su padre, en traje de hombre,
todo de verde, la vio
una noche, y que decía
que a perseguirte venía,
y aunque el buen viejo mandó
decir cien misas por ella
afirman que no ha cesado
de aparecerse.

		`no tendré, señor, a mucho⁶	
		lo que en Valladolid pasa.	
2135	DON MARTÍN	¿Pues qué es lo que allá se dice?	
	QUINTANA	Temo que te escandalice;	
		pero no hay persona en casa	
		de mi señor tan osada°	bold
		que duerma sin compañía,	
2140		si no fui yo, desde el día	
		que murió la mal lograda,	
		porque se les aparece	
		con vestido varonil	
		diciendo que es un don Gil,	
2145		`en cuyo hábito padece,⁷	
		porque tú con este nombre	
		andas aquí disfrazado	
		y sus penas has causado.	
		Su padre, en traje de hombre,	
2150		todo de verde, la vio	
		una noche, y que decía	
		que a perseguirte venía,	
		y aunque el buen viejo mandó	
		decir cien misas por ella	
2155		afirman que no ha cesado	
		de aparecerse.	
	DON MARTÍN	El cuidado	
		causé yo de su querella.°	grievance
	QUINTANA	¿Y es verdad, señor, que aquí	
		te llamas don Gil?	
	DON MARTÍN	Mi olvido	
2160		e ingratitud ha querido	
		que me llame, amigo, así.	
		Vine a esta corte a casarme,	
		y ofendiendo su belleza	
		codiciando° la riqueza	coveted

6 **No tendré...** *I won't be alarmed for what's happening in Valladolid*
7 **En cuyo...** *in the [green] attire she's forced to wear*

2165   de una doña Inés, que a darme
            el justo castigo viene
            que mi crueldad mereció.
            En don Gil me transformó
            mi padre; la culpa tiene
2170   de estas desgracias, Quintana,
            su codicia y interés.

QUINTANA   Pues no dudes de que es
            el alma de doña Juana
            la que por Valladolid
2175   causa temores y miedos
            y dispone° los enredos   lays
            que te asombran en Madrid.
            Pero ¿piénsaste casar
            con doña Inés?

DON MARTÍN   Si murió
2180   doña Juana, y me mandó
            mi avaro padre intentar
            este triste casamiento,
            no concluirle sería
            de algún modo afrenta mía.

2185 QUINTANA   ¿Cómo saldrás con tu intento,
            si una alma del purgatorio
            a doña Inés solicita°   woos
            y la esperanza te quita
            que tienes del desposorio?

2190 DON MARTÍN   Misas y oraciones son
            las que las almas amansan,°   calm down
            que, en fin, con ellas descansan.
            Vamos, que en esta ocasión
            en ʻel Carmen y Vitoria[8]
2195   haré que se digan mil.

QUINTANA   (*Aparte.*) A puras misas, don Gil,
            os llevan vivo a la gloria. (*Vanse.*)

---

8   Churches (and convents) located in Madrid.

(DOÑA INÉS *y* CARAMANCHEL)

DOÑA INÉS	¿Dónde está vuestro señor?
CARAMANCHEL	¿Selo yo, aunque traiga antojos°

       eyeglasses

2200   y le mire con más ojos
que una puente? `Es arador
que de vista se me pierde;
por más que le busco y llamo
nunca quiere mi verde amo
2205   que en sus calzas me dé un verde.⁹
Aquí le vi `no ha dos credos;¹⁰
y aunque estaba en mi presencia,
`cual dinero de Valencia¹¹
se me perdió entre los dedos;
2210   `mas tal anda el motolito
por una vuestra vecina,
que es hija de Celestina,
y le gazmió en el garlito.¹²

DOÑA INÉS   ¿A vecina nuestra quiere
don Gil?
2215 CARAMANCHEL   A una doña Elvira,
desde que le sirvo, mira
de tal suerte que se muere,
señora, por sus pedazos.

DOÑA INÉS   ¿Sabéis vos eso?
CARAMANCHEL   Sé yo

---

9 **Es arador...** "He's a burrowing worm; however much I look for him and call,
my master green will never let me thrill to look upon his breeches all of green"
(Browning and Minelli 259). In other words, Caramanchel refers in these verses
to the elusive personality of his master.

10 **No ha...** *not so long ago*

11 Coins of a lesser value made in Valencia.

12 **Mas tal...** *but that fool is so in love with a lady neighbor of yours who, like a
daughter of Celestina, has trapped him in her snare.* Celestina, a procuress and
spell-caster, is the main character of Fernando de Roja's *Tragicomedia de Calisto y
Melibea* (1499), also known as *La Celestina*.

2220		que esta noche la pasó,
		cuando menos, en sus brazos.
	DOÑA INÉS	¿Esta noche?
	CARAMANCHEL	Sí, ¿os remuerde
		la conciencia?, y otras mil,
		que aunque es lampiño° el don Gil,	beardless
2225		en obras y en nombre es verde.
	DOÑA INÉS	Vos sois un grande hablador
		y mentís; porque esa dama
		es mujer de buena fama
		y tiene mucho valor.
2230	CARAMANCHEL	Si es verdad o si es mentira,
		lo que digo sé por él
		y por el dicho papel (*enséñasele*)
		que traigo a la tal Elvira.
		Está su casa cerrada
2235		y mientras que vuelve a ella
		paje, escudero o doncella,
		que no debe haber criada
		que no sepa lo que pasa,
		y el papel la pueda dar,
2240		a mi amo entré a buscar
		por si estaba en vuestra casa.
	DOÑA INÉS	¿De don Gil es ese?
	CARAMANCHEL	Sí.
	DOÑA INÉS	Pues bien, ¿por fuerza ha de ser
		de amores?
	CARAMANCHEL	Llegá a leer
2245		lo que podáis aquí,
		(*por ` entre las dobleces° del papel*)	between the folds
		que yo, que siempre he pecado
		de curioso y resabido,°	shrewd
		las razones he leído
		que hacia aquí se han asomado.
		(*Enséñasele leyendo.*)
2250		¿Aquí no dice: "Inés vengo...

deseo me da... disgusto"?
¿No dice aquí: "plazo justo..."
y allí: "noche... gusto tengo..."
y hacia aquella parte: "tarde...
2255   amor... a doña.. a ver voy..."
y a aquel lado: "vuestro soy...,"
luego: "mío. El cielo os guarde"?
`¡Ved si es barro el papelillo![13]
Todo esto es `plata quebrada:[14]
2260   saque vusté, si le agrada,
`el hilo por el ovillo.[15]

Doña Inés   A lo menos sacaré (*quítasele*)
leyéndole, el falso trato
de un traidor y de un ingrato.

2265 **Caramanchel**   Eso nones;° sueltelé, no
que me reñirá don Gil.

Doña Inés   Alcahuete, ¿he de dar voces?
¿He de hacer que os den mil coces?°   clouts

Caramanchel   Dos da un asno, que no mil.
(*Ábrele y léele.*)

2270   **Doña Inés**   "No hallo contento y gusto
cuando con vos no le tengo
puesto que a ver a Inés vengo
a costa de mi disgusto.
Ya deseo el plazo justo
2275   de volver a hacer alarde
de mi amor, y aunque esta tarde
a ver a doña Inés voy,
no os dé celos. Vuestro soy,
dueño mío. El cielo os guarde."

---

13 Expression used when something is worthwhile and has some value.

14 Expression used to convey that something has equal value in parts as it does as a whole.

15 Allusion to a traditional Spanish saying: "Por el hilo se saca el ovillo." An approximate English translation would be "You can judge the whole tone from these little snippets" (Boswell and McKenna 185).

2280	ˋ¡Qué regalado° papel!	how sweet
	A su dueño se parece:	
	tan infame que apetece	
	las sobras° de don Miguel.	scraps
	¿Doña Inés le da disgusto?	
2285	¡Válgame Dios! ˋ¿Ya empalago?°	Am I cloying?
	¿Manjar° soy que satisfago,	delicacy
	antes que me pruebe, el gusto?	
	¿Tan bueno es el de su Elvira	
	que su apetito provoca?	

2290 CARAMANCHEL ˋNo es la miel para la boca
del etcétera.[16]

DOÑA INÉS   ˋLa ira
que tengo es tal que dejara
un ejemplo cruel de mí
a estar el mudable aquí.[17]

(*Un criado.*)

2295	CRIADO Mi señora doña Clara	
	viene a verte. (*Vase el criado.*)	
	DOÑA INÉS Pretendiente°	suitor
	es también de este galán	
	empalagado; (*aparte*) a don Juan,	
	que mi amor celoso siente,	
2300	he de decir que le mate,	
	y me casaré con él.	
	Llevad vos vuestro papel (*arrójasele*)	
	a esa dama, que es remate	
	del gusto que en él confiesa,	
2305	que aunque no es ˋLucrecia casta[18]	

---

16 Caramanchel refers to a traditional Spanish saying: "No es la miel para la boca del asno," translated into English as "Honey isn't for the ass's mouth."

17 **La ira...** *I'm in such an anger I'd rip off his ear with my teeth if he was here*

18 Lucretia was raped by Sextus Tarquinius, when her husband, Lucius Tarquinus, was away. She became a symbol of chastity in Renaissance culture.

	para tan vil hombre basta	
	plato que sirvió a otra mesa. (*Vase.*)	
CARAMANCHEL	¡Malos años la pimienta	
	que lleva la doña Inés!	
2310	`No le comerá un inglés.¹⁹	
	¡Qué mal hice en `darla cuenta°	to tell her
	del papel! `No fui discreto;	
	mas purgueme en su servicio	
	porque en gente de mi oficio	
2315	es cual ruibarbo un secreto.²⁰ (*Vase.*)	

(QUINTANA y DOÑA JUANA, *de hombre.*)

QUINTANA	Misas va a decir por ti	
	en fe que eres alma que anda	
	en pena.	
DOÑA JUANA	¿Pues no es así?	
QUINTANA	Mas no deja la demanda°	courtship
	de doña Inés.	
2320 DOÑA JUANA	¡Ay de mí!	
	A mi padre tengo escrito	
	como que a la muerte estoy	
	por don Martín, que en delito	
	de que esposa suya soy	
2325	y de adorarle infinito,	
	de puñaladas° me ha dado,	stabs
	dejándome en Alcorcón;²¹	
	que loco de enamorado	
	por doña Inés, su afición	
2330	a matarme le ha obligado.	
	Escríbole que ha fingido	

---

19 **No le**... *even an Englishman, used to stuff himself, couldn't handle such a peppered dish.* Tirso refers in a figurative sense to doña Inés' temper and annoyance with don Gil's letter.

20 Scatological joke; Caramanchel refers to the purgative effects of rhubarb.

21 Town located in the west of Madrid, renowned at the time for its ceramics.

ser un don Gil de Albornoz,
porque con este apellido
encubra la muerte atroz°   *appalling*
2335 que mi amor ha conseguido,
que todo es castigo injusto
de una hija inobediente
que contra su honor y gusto
de su patria y casa ausente
2340 ocasiona su disgusto;
pero que si algún amor
le merezco, y este alcanza
en mi muerte su favor,
satisfaga su venganza
2345 las pérdidas de mi honor.

QUINTANA   ¿Pues para qué tanto ardid?

DOÑA JUANA   Es para que de esta suerte
parta de Valladolid
mi padre y `pida mi muerte²²
2350 a don Martín en Madrid;
que he de perseguir, si puedo,
Quintana, a mi engañador°   *deceiver*
con uno y con otro enredo
hasta que cure su amor
2355 con mi industria o con su miedo.

QUINTANA   Dios me libre de tenerte
por contraria.°   *enemy*

DOÑA JUANA   La mujer
venga agravios de esta suerte.

QUINTANA   A hacerle voy a entender
2360 nuevas chanzas de tu muerte.

(*Vase* QUINTANA. *Sale* DOÑA CLARA.)

DOÑA CLARA   Señor don Gil, justo fuera,

---

22 **Pida mi**... *demand justice for my death*

sabiendo de cortesía
tanto, que para mí hubiera
un día... ¿qué digo un día?
2365 una hora, un rato siquiera.
También tengo casa yo
como doña Inés; también
hacienda el cielo me dio;
y también quiero yo bien
como ella.

DOÑA JUANA   ¿A mí?
2370 DOÑA CLARA   ¿Por qué no?
DOÑA JUANA A saber yo tal ventura,°   *good fortune*
creed, bella doña Clara,
que por lograrla segura,
fuera, si otro la gozara,
2375 pirata de esa hermosura,
mas como de mí imagino
lo poco que al mundo importo,
ni sé ni me determino
a pretender, `que en lo corto
2380 tengo algo de vizcaíno.²³
Por Dios, que desde que os vi
en la Huerta, el corazón,
`nueva salamandria,²⁴ os di,
llevándoos vos un jirón°   *small part*
2385 del alma que os ofrecí,
mas ni sé dónde vivís,
qué galán por vos se abrasa,
ni qué empleos° admitís.   *advances*
DOÑA CLARA ¿No? Pues sabed que mi casa

---

23 Allusion to people from Vizcaya who were thought to be introverted and not very talented.
24 The parallel between heart (love) and salamander implies that love can live in fire since there was a belief that salamanders could resist fire without getting burned.

2390	es a la `Red de San Luis;²⁵
	mis galanes más de mil;
	mas quien en mi gusto alcanza
	el premio por más gentil
	es verde cual mi esperanza
2395	y es en el nombre don Gil.

DOÑA JUANA   Esta mano he de besar (*bésasela*)
`porque del todo me cuadre
favor tan para estimar.²⁶

(*Sale* DOÑA INÉS *[y queda apartada]*.)

DOÑA INÉS   Como me llamó mi padre,

2400   fueme forzoso dejar
a mi prima por un rato.
¿Mas no es el que miro, ¡cielos!
don Gil el falso, el ingrato,
el que cebando° mis celos   *fueling*

2405   es de mi opuesta retrato?
¡La mano pone en la boca
de mi prima! ¿No es encanto
que hombre de barba tan poca
se atreva a ser para tanto?

2410   ¡A qué furia me provoca!
Quiero escuchar desde aquí
lo que pasa entre los dos.

DOÑA CLARA   En fin, ¿os morís por mí?
¡Buena mentira!

DOÑA JUANA   Por Dios,

2415   que no me tratéis así.

---

25 Neighborhood in downtown Madrid, next to the Puerta del Sol and the Church of San Luis. In the urban context of the time *red* (literally fence) meant a sort of open-air market were vendors stood behind a grating or fence to sell their groceries (Zamora Vicente 246-47).

26 **Porque del…** "so I may show my thanks for this inestimable grace" (Browning and Minelli 264).

Desde el día que en la Huerta
os vi, hermosa doña Clara,
para mi ventura abierta,
ni tuve mañana clara

2420　　　　　　　ni noche segura y cierta,
porque la pesada ausencia
de la luz de esa hermosura,
sol que mi amor reverencia,
noche es pesada y obscura.

2425　　DOÑA CLARA　No lo muestra la frecuencia
de doña Inés que `os recrea,°　　　　　　　brings you joy
y es todo vuestro interés.

DOÑA JUANA　¿Yo a doña Inés, mi bien?
DOÑA CLARA　　　　　　　　　　Ea.
DOÑA JUANA　Vive Dios, que es doña Inés

2430　　　　　　　a mis ojos fría y fea;
`si Francisca se llamara,
todas las efes tuviera.²⁷

DOÑA INÉS　(*Aparte.*) ¡Qué buena don Gil me para!
DOÑA JUANA　(*Aparte.*)¡Mas si doña Inés me oyera!

2435　　DOÑA INÉS　[*Aparte.*]¡Y le creerá doña Clara!
DOÑA CLARA　Pues si no amáis a mi prima,
¿cómo asistís° tanto aquí?　　　　　　　　visit

DOÑA JUANA　Eso es señal que os estima
la libertad que `os rendí°　　　　　　　　I gave up

2440　　　　　　　y en vuestros ojos se anima,
porque como no sabía
dónde vivís y me abrasa
vuestra memoria, venía

2445　　　　　　　por instantes a esta casa,
creyendo que os hallaría
alguna vez en ella.

DOÑA CLARA　　　　　　　　　Es
lindo modo de excusar

27　Doña Juana alludes to a well-known colloquial Spanish saying: "Cuatro efes
tiene mi tía: fea, floja, flaca y fría."

	vuestro amor.	
DOÑA JUANA	¿Excusar?	
DOÑA CLARA	Pues,	
	¿había más de preguntar	
2450	por mi casa a doña Inés?	
DOÑA JUANA	Fuera darla celos eso.	
DOÑA CLARA	`No quiero apurar verdades,²⁸	
	don Gil. Que os amo os confieso	
	y que vuestras sequedades°	aloofness
2455	me quitan el sueño y seso.	
	Si un amor sencillo y llano	
	obliga, asegurad°	remedy
	mi pena; dadme esa mano.	
DOÑA JUANA	De esposo os la doy; tomad,	
2460	que, por lo que en ello gano	
	os la beso.	
DOÑA INÉS	[*Aparte.*] ¿Esto consiento?	
DOÑA CLARA	Mi prima me espera; adiós.	
	Idme a ver hoy.	
DOÑA JUANA	Soy contento.	
DOÑA CLARA	Porque tracemos° los dos	we plot
2465	despacio este casamiento. (*Vase.*)	
DOÑA JUANA	`Ya que di en embelecar²⁹	
	salir bien de todo espero.	
	A doña Inés voy a hablar. (*Sale.*)	
DOÑA INÉS	Enredador, embustero,	
2470	`pluma al viento, corcho al mar,³⁰	
	¿no basta que a doña Elvira	
	engañes, `que no repara	
	en honras que el cuerdo mira,³¹	
	sino que a mí y doña Clara	

---

28 **No quiero**... *I don't want to rush truths*
29 **Ya que**...*Now that I've tangled things*
30 This verse refers to two proverbs that imply lying: "palabras y plumas el viento las lleva" and "andar como el corcho en el agua."
31 **Que no**... *has no regard for honor*

2475		embeleque tu mentira?	
		¿A tres mujeres engaña	
		el amor que fingir quieres?	
		`A salir con esa hazaña[32],	
		casado con tres mujeres,	
2480		fueras `Gran Turco en España.[33]	
		Conténtate, ingrato infiel,	
		con doña Elvira, relieves°	scraps
		y sobras de don Miguel,	
		que cuando sus gajes° lleves	reward
2485		y la escribas el papel	
		que mis penas han leído,	
		`a ti te viene sobrado,	
		en fe de poco advertido,	
		fruto que otro ha desflorado	
2490		y ropa que otro ha rompido. [34]	

DOÑA JUANA ¿Qué dices, mi bien?

DOÑA INÉS   ¿Tu bien?
Doña Elvira, cuyos brazos
sueño de noche te den,
te responderá. ¡Pedazos

2495   un rayo los haga, amén!

DOÑA JUANA (*Aparte.*) Caramanchel la ha enseñado
el papel que me escribí
a mí misma; y heme holgado,
porque experimente en sí

2500   congojas que me ha causado.
(*A ella.*) ¿Que Elvira te da sospecha?;
en lo que dices repara.

DOÑA INÉS `¡No está mala la deshecha![35]

---

32 **A salir**... *if you succeed in your deed*

33 Reference to polygamy among Muslims.

34 **A ti**... "You could well find that you are stuck, by reason of your carelessness, with fruit that someone else has plucked, and someone else's worn-out dress" (Minter 195).

35 **¡No está**... *not a bad dissimulation*

	Dígale eso a doña Clara,	
2505	pues la tiene satisfecha	
	su amor, su palabra y fe.	
DOÑA JUANA	¿Eso te ha causado enojos?	
	¿Luego nos viste? No fue	
	sino burla; por tus ojos,	
2510	que es una necia. Háblame,	
	vuélveme esos soles, ea,	
	que su luz mi regalo es.	
DOÑA INÉS	¡Y dirá, por que le crea:	
	"Vive Dios, que es doña Inés	
2515	a mis ojos fría y fea"!	
DOÑA JUANA	¿Pues crees tú que lo dijera	
	si burlar a doña Clara	
	de ese modo no quisiera?	
DOÑA INÉS	"Si Francisca se llamara	
2520	todas las efes tuviera."	
	Pues si tantas tengo, y mira	
	desechos de don Miguel,	
	que por mis prendas suspira,	
	casándome yo con él,	
2525	castigaré a doña Elvira.	
	Don Miguel es principal,	
	y su discreción,° al fin,	wise judgment
	ha dado clara señal	
	que en amar mujer tan ruin°	despicable
2530	y mudable hiciera mal.	
	Por mi esposo le señalo:	
	a mi padre voy a hablar,	
	que pues a mi gusto igualo	
	el suyo, hoy le pienso dar	
	la mano.	
2535	DOÑA JUANA	(*Aparte.*) Esto va muy malo.
	(*A ella.*) ¿Con remedios tan atroces	
	castigas una quimera?	
	Oye, escucha.	

DOÑA INÉS	Si doy voces,
	haré que por la escalera
2540	os eche un lacayo a coces.
DOÑA JUANA	Por Dios, que por más cruel
	que seas, has de escuchar
	mi disculpa, y que soy fiel.
DOÑA INÉS	¿No hay quien se atreva a matar
2545	a este infame?° ¡Ah, don Miguel!
DOÑA JUANA	¿Don Miguel está aquí?
DOÑA INÉS	¿Quieres
	trazar ya alguna maraña?
	Aquí está; de miedo mueres.
	(*A voces.*) ¡Este es don Gil, el que engaña
2550	de tres en tres las mujeres!
	Don Miguel, véngame de él;
	tu esposa soy.
DOÑA JUANA	Oye, mira...
DOÑA INÉS	¡Muera este don Gil cruel,
	don Miguel!
DOÑA JUANA	¡Que soy Elvira!
2555	¡Lleve el diablo a don Miguel!
DOÑA INÉS	¿Quién?
DOÑA JUANA	Doña Elvira ¿En la voz
	y cara no me conoces?
DOÑA INÉS	¿No eres don Gil de Albornoz?
DOÑA JUANA	Ni soy don Gil, ni des voces.
2560	DOÑA INÉS	¿Hay enredo más atroz?
	¿Tú doña Elvira? ¿Otro engaño?
	Don Gil eres.
DOÑA JUANA	Su vestido
	y semejanza hizo el daño.
	Si esto no te ha persuadido,
2565	averigua el desengaño.
DOÑA INÉS	¿Pues qué provecho° interesa
	tu embeleco?
DOÑA JUANA	¡Vive Dios,

scoundrel

purpose

	que no ser don Gil me pesa	
	por ti, y que `somos las dos	
2570	pata para la traviesa!³⁶	
DOÑA INÉS	En conclusión, ¿he de darte	
	crédito? No vi mayor	
	semejanza.	
DOÑA JUANA	Por probarte	
	y ver si tienes amor	
2575	a don Miguel pudo el arte	
	disfrazarme y es así	
	que una sospecha cruel	
	me dio recelos de ti.	
	Creyendo que a don Miguel	
2580	amabas, yo me escribí	
	el papel que aquel criado	
	te enseñó, creyendo que era	
	don Gil quien se le había dado,	
	y dije que te le diera	
2585	por modo disimulado	
	y que advirtiese por él	
	tus celos, y si intentabas	
	usurparme a don Miguel.	
DOÑA INÉS	¡Extrañas industrias!	
DOÑA JUANA	Bravas.°	excellent
2590	DOÑA INÉS ¿Que tú escribiste el papel?	
DOÑA JUANA	Y a don Gil pedí el vestido	
	prestado, que está por ti	
	de amor y celos perdido.	
DOÑA INÉS	¿De amor y celos por mí?	
2595	DOÑA JUANA Como el suceso ha sabido	
	de don Miguel, cuya soy,	
	`no apetece prenda ajena.³⁷	
DOÑA INÉS	Confusa y dudosa estoy.	
DOÑA JUANA	Ingeniosa traza.	

---

36 **Somos las**... *both of us have equally fallen prey to lies*
37 **No apetece**... *he doesn't desire another's goods*

DOÑA INÉS	Buena,
2600		y de suerte que aún no doy
	crédito a que eres mujer.
DOÑA JUANA	¿Pues cómo haremos que quedes
	segura?
DOÑA INÉS	Así se ha de hacer:
	vestirte en tu traje puedes,
2605		que con él podremos ver
	cómo te entalla° y te inclina.°
	Ven y pondraste un vestido
	de los míos; que imagina
	mi amor en ese fingido
2610		que eres hombre, y no vecina.
	Ya se habrá ido doña Clara.
DOÑA JUANA	¡Buena irá!
DOÑA INÉS	(*Aparte.*) ¡Qué varonil°
	mujer! Por más que repara
	mi amor dice que es don Gil
2615 | | en la voz, presencia y cara. (*Vanse.*) |

fits, hangs

manly

(*Salen* CARAMANCHEL *y* DON JUAN.)

DON JUAN	¿Vos servís a don Gil de Albornoz?
CARAMANCHEL	Sirvo
	a un amo que no veo en quince días
	que ha que como su pan. Dos o tres veces
	le he hallado desde entonces. Ved qué talle
2620		de dueño en relación; ¡pues decir tiene
	fuera de mí otros pajes y lacayos!,
	yo solamente y un vestido verde
	en cuyas calzas funda su apellido,
	(que ya son `casa de solar° sus calzas),
2625		posee en este mundo, que yo sepa.
	Bien es verdad que me pagó por junto,
	desde que entré con él hasta hoy, raciones
	y quitaciones, dándome cien reales,

family house

pero quisiera yo servir a un amo

2630 que ` me holeara° cada instante: "¡Hola   would call me

Caramanchel! Limpiadme estos zapatos;

sabed cómo durmió doña Grimalda;

id al marqués, que el alazán° me empreste;   sorrel horse

preguntad a Valdés[38] con qué comedia

2635 ha de empezar mañana," y otras cosas

con que se gasta el nombre de un lacayo.

¡Pero que tenga yo un amo en menudos°   small pieces

como ` el macho de Bamba, que ni manda,

ni duerme, come o bebe, y siempre anda![39]

DON JUAN Debe de estar enamorado.

2640 CARAMANCHEL   Y mucho.

DON JUAN ¿De doña Inés, la dama que aquí vive?

CARAMANCHEL Ella le quiere bien, pero ¿qué importa,

si vive aquí, pared en medio, un ángel?

Que aunque yo no la he visto, a lo que él dice,

2645 es tan hermosa como yo, que basta.

DON JUAN Soislo vos mucho.

CARAMANCHEL   Viéneme de casta.°   bloodline

Este papel la traigo; mas de suerte

simbolizan los dos en condiciones,

que jamás ` doña Elvira o doña Urraca[40]

2650 para en casa, ni en ella hay quien responda,

pues con ser tan de noche, que han ya dado

las once, no hay memoria de que venga

quien lástima de mí y el papel tenga.

DON JUAN ¿Y que ama doña Inés a don Gil?

CARAMANCHEL   Tanto

---

38 Stage director of *comedias* and businessman whose theater company
premiered *Don Gil de las calzas verdes* in 1615, in Toledo. His wife, Jerónima de
Burgos, acted in the role of doña Juana (see Introduction).

39 Transposition of the famous saying: "El caballito de Bamba que ni come, ni
bebe, *ni anda*" (my italics).

40 Doña Urraca and doña Elvira were the daughters of Fernando I. Upon the
death of their father, they inherited the cities of Zamora and Toro, respectively.
Their names and stories circulated throughout epic ballads.

2655		que abriéndome el papel y conociendo
		lo que por él decía a doña Elvira
		hizo extremos de loca.
	DON JUAN	Y yo los hago
		de celos. ¡Vive Dios, que aunque me cueste
		vida y hacienda, tengo de quitarla
2660		a todos cuantos Giles me persigan!
		En busca voy del vuestro.
	CARAMANCHEL	¡Bravo Aquiles!⁴¹
	DON JUAN	Yo agotaré, si puedo, los don Giles. (*Vase.*)

(*De mujer* DOÑA JUANA *y* DOÑA INÉS.)

	DOÑA INÉS	Ya experimento en mi daño
		la burla de mis quimeras:
2665		don Gil quisiera que fueras,
		que yo adorara tu engaño.
		No he visto tal semejanza
		en mi vida, doña Elvira:
		en ti su retrato mira
2670		mi entretenida esperanza.
	DOÑA JUANA	Yo sé que te ha `de rondar
		esta noche, y que te adora.
	DOÑA INÉS	¡Ay, doña Elvira ya es hora!
	CARAMANCHEL	Doña Elvira, oí nombrar.
2675		Aquella sin duda es
		que con doña Inés está.
		El diablo la trajo acá,
		que estando con doña Inés
		mal podré darla el papel
2680		que mi don Gil la escribió,
		y ya su merced° leyó.
		Hermano Caramanchel,
		`a palos me vais oliendo.⁴²

41 Homeric hero who is portrayed as a courageous and skillful warrior.
42 **A palos...** *I smell [suspect] I will be flogged*

	¡Hola! ¿Qué buscáis aquí?	
CARAMANCHEL	¿Sois vos doña Elvira?	
2685 DOÑA JUANA	Sí.	
CARAMANCHEL	¡Jesús! ¿Qué es lo que estoy viendo?	
	¿Don Gil con basquiña y toca?°	bonnet
	No os llevo más la mochila.	
	¿De día Gil, de noche Gila?	
2690	`¡Oxte, puto,⁴³ `punto en boca!°	say nothing
DOÑA JUANA	¿Qué decís? ¿Estáis en vos?	
CARAMANCHEL	¿Qué digo? Que sois don Gil	
	`como Dios hizo un candil.⁴⁴	
DOÑA JUANA	¿Yo don Gil?	
CARAMANCHEL	Sí, juro a Dios.	
2695 DOÑA INÉS	¿Piensas que soy sola yo	
	la que tu presencia engaña?	
CARAMANCHEL	Azotes° dan en España	lashes
	por menos que eso. ¿Quién vio	
	un `hembrimacho⁴⁵ que afrenta	
	a su linaje?	
2700 DOÑA INÉS	Esta dama	
	es doña Elvira.	
CARAMANCHEL	Amo, o ama,	
	despídome: `hagamos cuenta.°	let's settle up
	No quiero señor con saya°	gown
	y calzas, hombre y mujer,	
2705	que querráis en mí tener	
	juntos lacayo y lacaya.	
	No más amo hermafrodita,	
	que comer carne y pescado	
	a un tiempo no es aprobado.	

---

43 Vulgar expression equivalent to *Vade retro Satana* (Begone, Satan), a Catholic formula commonly used to exorcise the Devil.

44 For Zamora Vicente this verse alludes to the fact that God made insignificant as well as important things. Expressions that start with "como Dios" refer to some kind of divine truth (266).

45 Term created by Tirso from a combination of the words *hembra* and *macho*.

2710   Despachad° con la visita   let's end
                            y adiós.
         DOÑA JUANA   ¿De qué es el espanto?
                            ¿Pensáis que vuestro señor
                            sin causa me tiene amor?
                            Por parecérseme tanto
2715   emplea en mí su esperanza.
                            Díselo tú, doña Inés.
         DOÑA INÉS   ' Causa suelen decir que es
                            del amor la semejanza.[46]
         CARAMANCHEL   Sí, ¿mas tanta? No, par Dios.
2720   ' ¿A mí engañifas, señora?[47]
         DOÑA JUANA   Y si viene antes de un hora
                            don Gil aquí y a los dos
                            nos veis juntos, ¿qué diréis?
         CARAMANCHEL   Que ' hablé por boca de ganso.[48]
2725   DOÑA JUANA   Él humilde vendrá y manso,°   meek
                            y vos mismo le hablaréis,
                            conociendo la verdad.
         CARAMANCHEL   ¿Dentro un hora?
         DOÑA JUANA   Y a ocasión
                            que os admire.
         CARAMANCHEL   Pues chitón.°   say no more
2730   DOÑA JUANA   En la calle le esperad,
                            y subámonos las dos
                            al balcón para aguardalle.
         CARAMANCHEL   Bájome, pues, a la calle.
                            Este me dio para vos (*dásele.*)
2735   ' mas rehusé por doña Inés
                            la embajada.[49]
         DOÑA JUANA   Ya es mi amiga.

---

46 León Hebreo states in his *Dialoghi d'amore* (*Dialogues of Love*) that close
physical resemblance is one of the causes for falling in love.
47 **¿A mí...** *madam, do you take me for a fool?*
48 **Hablé por...** *I spoke foolishly*
49 **Mas rehusé...** *it was hard to give it [the letter] to you in front of doña Inés*

CARAMANCHEL   Don Gil es, aunque lo diga
              el Conde Partinuplés.⁵⁰ (*Vanse.*)

(*Sale* DON JUAN, *como de noche.*)

DON JUAN   Con determinación vengo
2740   `de agotar° estos don Giles,   to kill
              que agravian por medios viles
              las esperanzas que tengo.
              Dos son. ¿Quién duda que alguno
              su dama vendrá a rondar?
2745   O me tienen de matar
              o no ha de quedar ninguno.

(*Sale* CARAMANCHEL *[y queda a un lado].*)

CARAMANCHEL   A esperar vengo a don Gil,
              si calles ronda y pasea,
              que por Dios, aunque lo vea,
2750   no dos veces sino mil,
              no lo tengo de creer.

(*A la ventana,* DOÑA INÉS *y* DOÑA JUANA, *de mujer.*)

DOÑA INÉS   ¡Qué extraordinario calor!
DOÑA JUANA   Pica° el tiempo y pica amor.   burns
DOÑA INÉS   ¿Si ha de venirnos a ver
              mi don Gil?
2755 DOÑA JUANA   ¿Y dudas deso?
              (*Aparte.*) Para poderme apartar
              de aquí, me vendrá a llamar
              brevemente Valdivieso,
              y podré, de hombre vestida,
2760   fingirme don Gil abajo.

---

50 Protagonist of a Spanish Medieval novel, his name evoked a mysterious love.

Don Juan	El premio de mi trabajo	
	escucho; mi Inés querida,	
	si no me engaña la voz,	
	es la que a la reja está.	
2765 Doña Inés	Gente siento. ¿Si será	
	nuestro don Gil de Albornoz?	
Doña Juana	Háblale, y sal de esa duda.	
Caramanchel	ʻUn rondante⁵¹ se ha parado.	
	¿Si es mi don Gil encantado?	
2770 Don Juan	Llegad y hablad, lengua muda.	
	¡Ah de arriba!	
Doña Inés	¿Sois don Gil?	
Don Juan	[*Aparte.*] ʻAllí la pica;⁵² diré	
	que sí. (*Rebozado.*)° Don Gil soy, que en fe	muffled up
	de que en vos busco mi abril,	
2775	en viéndoos, señora mía,	
	mi calor pude templar.°	cool off
Doña Inés	Eso es venirme a llamar,	
	por gentil estilo, fría.	
Caramanchel	Muy grueso° don Gil es este.	rough
2780	El que sirvo habla atiplado,°	higher-pitched
	si no es ya que haya mudado	
	de ayer acá.	
Don Juan	Manifieste	
	el cielo mi dicha.	
Doña Inés	En fin,	
	¿que a un tiempo os abraso y hielo?	
2785 Don Juan	Quema amor; hiela un recelo.°	suspicion
Doña Juana	(*Aparte.*) Sin duda que es don Martín	
	el que habla. ¡Qué en vano pierdes	
	el tiempo, ingrato, sin mí!	
Doña Inés	(*Aparte.*) No parece él. ¿Sois, decí,	
2790	don Gil de las calzas verdes?	
Don Juan	Luego, ¿no me conocéis?	

---

51 A lover doing his rounds.

52 **Allí la…** *that's the name that inflames her*

CARAMANCHEL	Ni yo tampoco, par Dios.
DOÑA INÉS	Como me pretenden dos...
DON JUAN	Sí. Mas vos, ¿a cuál queréis?
2795 DOÑA INÉS	A vos, aunque en el hablar
	nuevas dudas me habéis dado.
DON JUAN	Hablo bajo y rebozado,
	que es público este lugar.

(DON MARTÍN *con vestido verde y* OSORIO.
[*Quedan apartados y se acerca a los otros* DON MARTÍN
conforme indican los versos.])

DON MARTÍN	`Osorio, ya doña Juana
2800	muerta, como dicen, sea
	quien me persigue y desea,
	en la opinión de Quintana,
	que no goce a doña Inés;[53]
	ya otro amante disfrazado
2805	el nombre me haya usurpado
	por ver cuán querido es,
	el seso de envidia pierdo.
	¿Puede doña Inés amalle
	por de mejor cara y talle?
OSORIO	No por cierto.
2810 DON MARTÍN	¿Por más cuerdo?
	Tú sabes cuán celebrado
	en Valladolid he sido.
	¿Por más noble o bien nacido?
	`Guzmana sangre he heredado.[54]
2815	¿Por más hacienda? Ocho mil
	ducados tengo de renta,
	y en la nobleza es afrenta° affront

---

53 In these verses, don Martín explains to Osorio how the ghost of doña Juana is hauting him trying to prevent him from engaging in a sexual encounter with doña Inés.

54 **Guzmana sangre...** *noble blood runs in my veins*

		amar el interés vil.
		Pues si solo es porque vino
2820		con traje verde, yo y todo
		`he de andar del mismo modo.[55]
	OSORIO	(*Aparte*.) `Ese es gentil desatino.[56]
	DON MARTÍN	¿Qué dices?
	OSORIO	Que el seso pierdes.
	DON MARTÍN	Piérdale o no, yo he de andar
2825		como él y me han de llamar
		don Gil de las calzas verdes.
		Vete a casa, que hablar quiero
		a don Pedro.
	OSORIO	En ella aguardo. (*Vase*.)
	DOÑA INÉS	(*A don Juan*.) Don Gil discreto y gallardo,°

attractive

2830		poco amáis y mucho os quiero.
	DON MARTÍN	¿Don Gil? ¿Cómo? Este es sin duda
		quien contradice° mi amor.

thwarts

		¿Si es doña Juana? El temor
		de que en penas anda muda
2835		mi valor en cobardía.
		`En no meterme me fundo
		con cosas del otro mundo,
		que es bárbara valentía.[57]
	DOÑA INÉS	Gente parece que viene.
2840	DON JUAN	Reconoceré quién es.
	DOÑA INÉS	¿Para qué?
	DON JUAN	¿No veis, mi Inés,
		que nos mira y se detiene?
		Diré que pase adelante.
		Entretanto me esperad.
		Hidalgo.
	DON MARTÍN	¿Quién va?

---

55 **He de**... *I shall dress in green as well*
56 **Este es**... *that's a ridiculous suggestion*
57   **En no**... *I've always vowed to never get involved with things of the world beyond, for that is sheer recklessness*

2845	DON JUAN	Pasad.
	DON MARTÍN	¿Dónde, si por ser amante
		tengo aquí prendas?
	DON JUAN	(*Aparte.*) Don Gil
		es este, el aborrecido
		de doña Inés. Conocido
		le he en la voz.
2850	CARAMANCHEL	¡Oh qué alguacil
		tan a propósito ahora!
		¡Y qué dos espadas pierde! [58]
	DON JUAN	Don Gil el blanco o el verde,
		ya se ha llegado la hora
2855		tan deseada de mí
		y tan rehusada de vos.
	DON MARTÍN	(*Aparte.*) Conocídome ha por Dios;
		y quien rebozado así
		sabe quién soy no es mortal,
2860		ni salió mi duda vana:
		el alma es de doña Juana.
	DON JUAN	Dad de vuestro amor señal,
		don Gil, que es de pechos viles
		ser cobarde y servir dama.
2865	CARAMANCHEL	¿Don Gil ese otro se llama?
		A pares vienen los Giles.
		Pues no es mi don Gil tampoco,
		que hablara a lo caponil.[59]
	DON JUAN	Sacad la espada don Gil.
2870	CARAMANCHEL	O son dos o yo estoy loco.
	DOÑA INÉS	Otro don Gil ha venido.
	DOÑA JUANA	Debe de ser don Miguel.
	DOÑA INÉS	Bien dices, sin duda es él.
	DOÑA JUANA	(*Aparte.*) ¿Ya hay tantos de mi apellido?
2875		No conozco a este postrero.

---

58 **¡Oh qué...** *an officer here would come in very handy now! What a pair of swords he [the officer] will lose* [since he will confiscate them]
59 **Que hablara...** *with a high-pitched voice*

DON JUAN	Sacad el acero, pues,
	o habré de ser descortés.
DON MARTÍN	Yo nunca saco el acero
	para ofender los difuntos,° the dead
2880	ni jamás mi esfuerzo empleo
	con almas, que yo peleo
	con almas y cuerpos juntos.
DON JUAN	Eso es decir que estoy muerto
	de asombro y miedo de vos.
2885 DON MARTÍN	Si estáis gozando de Dios,
	que así lo tengo por cierto,
	o en carrera de salvaros,
	doña Juana, ¿qué buscáis?
	Si por dicha `en pena andáis,° in wander
2890	misas digo por libraros.
	Mi ingratitud os confieso,
	y ¡ojalá os resucitara
	mi amor, que con él pagara
	culpas de mi poco seso!
2895 DON JUAN	¿Qué es esto? ¿Yo doña Juana?
	¿Yo difunto? ¿Yo alma en pena?
DOÑA JUANA	[*Aparte.*] ¡Lindo rato, burla buena!
CARAMANCHEL	¿Almitas? ¡Santa Susana!
	¡San Pelagio! ¡Santa Elena!
2900 DOÑA INÉS	¿Qué será esto, doña Elvira?
DOÑA JUANA	Algún loco; calla y mira.
CARAMANCHEL	¿Almas de noche y en pena?
	¡Ay Dios!, `todo me desgrumo.⁶⁰
DON JUAN	Sacad la espada, don Gil
2905	o haré alguna hazaña vil.
CARAMANCHEL	¡Oh quién se volviera en humo
	y por una chimenea
	se escapara!
DON MARTÍN	Alma inocente,

---

60 **Todo me...** *I am melting inside.* This expression should be interpreted in an eschatological sense.

por aquel amor ardiente
2910   que me tuviste y recrea
mi memoria, que ya baste
mi castigo y tu rigor.
Si por estorbar mi amor
cuerpo aparente tomaste
2915   y llamándote en Madrid
don Gil, intentas mi ultraje;
si con ese nombre y traje
andas por Valladolid,
y no te has vengado harto
2920   por el malogrado fruto,
ocasión de triste luto
que dio a tu casa el `mal parto,°`   miscarriage
que no aumentes mis desvelos.°   sleepless nights
`Alma, cese tu porfía,
2925   que no entendí yo que había
en el otro mundo celos,
pues por más trazas que des,
ya estás viva, ya estás muerta,
o la mía verás cierta,
2930   o mi esposa a doña Inés.[61] (*Vase.*)

DON JUAN   ¡Vive el cielo, que se ha ido,
`excusando la cuestión,[62]`
con la más nueva invención
que los hombres han oído!

2935 CARAMANCHEL   ¿Lacayo Caramanchel
de alma en pena? ¡Esto faltaba!
Y aun por eso no le hallaba
cuando andaba en busca de él.
¡Jesús mil veces!

---

61 **Alma, cese...** "tormented soul, do not persist; for I've not heard that jealou-
sies existed in the afterlife; for all the schemes you might contrive, and whether
you're alive or dead, you'll either see my certain end, or doña Inés as my new wife"
(Minter 221).

62 **Excusando la...** *evading the challenge*

Doña Juana	Amiga,
2940		averiguar un suceso
	me importa. Adiós. Valdivieso
	me espera abajo. Prosiga
	la plática comenzada,
	pues don Gil contigo está.
2945	Doña Inés	¿No te esperarás, y irá
	contigo alguna criada?
Doña Juana	¿Para qué, si un paso estoy
	de mi casa?
Doña Inés	Toma, pues,
	un manto.
Doña Juana	No, doña Inés,
2950		que en cuerpo y sin alma voy. (*Vase.*)
Don Juan	Quiero volverme a mi puesto,
	por ver si el don Gil menor
	es hoy también rondador.
Doña Inés	En gran peligro os ha puesto,
2955		don Gil, vuestro atrevimiento.
Don Juan	Amor que no es atrevido
	no es amor; afrenta ha sido.
	Escuchad, que gente siento.

(*Sale* Doña Clara *de hombre.*)

Doña Clara	Celos de don Gil me dan
2960		`ánimo a que en traje de hombre
	mi mismo temor me asombre;[63]
	¡a fe que vengo galán!
	Por ver si mi amante ronda
	a doña Inés y me engaña,
2965		hice esta amorosa hazaña;
	él mismo por mí responda.
Don Juan	Aguardad, sabré quién es.

63 **Ánimo a...** "give me the courage to confound my own worst fears, dress as a man" (Minter 223).

(*Apártase* DON JUAN *y llega* DOÑA CLARA *a la ventana.*)

DOÑA CLARA	Gente a la ventana está;
	llegarme quiero hacia allá,
2970	por si acaso doña Inés
	a don Gil está esperando;
	que él me tengo de fingir
	por si puedo descubrir
	los celos que estoy temblando.
2975	¡Ah del balcón! Si merece
	hablaros, bella señora,
	un don Gil que en vos adora,
	en fe que el alma os ofrece,
	don Gil de las calzas soy
2980	verdes como mi esperanza.
CARAMANCHEL	¿Otro Gil entra en la danza?
	Don Giles llueve Dios hoy.
DOÑA INÉS	[*Aparte.*] Este es mi don Gil querido,
	que en el habla delicada
2985	le reconozco. Engañada
	de don Juan, sin duda, he sido,
	que es, sin falta, el que hasta aquí
	hablando conmigo ha estado.
DON JUAN	El don Gil idolatrado
	es este.
2990 DOÑA INÉS	[*Aparte.*] ¡Triste de mí!
	que temo que ha de matalle
	este don Juan atrevido.

(*Llégase* DON JUAN *a* DOÑA CLARA.)

DON JUAN	Huélgome° que hayáis venido	I'm glad
	a este tiempo y a esta calle,	
2995	señor don Gil, a llevar	
	el pago que merecéis.	

DOÑA CLARA   ¿Quién sois vos que ˋos prometéis
                tanto?⁶⁴

DON JUAN   El que os ha de matar.

DOÑA CLARA   ¿Matar?

DON JUAN   Sí, y don Gil me llamo,

3000   aunque vos habéis fingido
                que es don Miguel mi apellido.
                A doña Inés sirvo y amo.

DOÑA CLARA   (*Aparte.*) El diablo nos trujo acá.
                Aquí os matan, doña Clara.

(DOÑA JUANA, *de hombre.*)

3005   DOÑA JUANA   A ver vengo en lo que para
                tanto embeleco, y si está
                doña Inés a la ventana
                todavía, la he de hablar.

(*Sale* QUINTANA [*y habla a un lado con* DOÑA JUANA].)

QUINTANA   Ahora acaba de llegar
                tu padre a Madrid.

3010   DOÑA JUANA   Quintana,
                persuadido que me ha muerto
                don Martín en Alcorcón,⁶⁵
                aˋ tomar satisfación°   to take revenge
                vendrá aquí.

QUINTANA   ˋTenlo por cierto.

DOÑA JUANA   Gente hay en la calle.

3015   QUINTANA   Espera,
                reconoceré quién es.

DOÑA CLARA   ¿Don Gil sois?

DON JUAN   Y doña Inés
                mi dama.

---

64 **Os prometéis…** *you speak so boastfully*

65 See footnote 21 (Act III)

Doña Clara	¡Buena quimera!
Doña Juana	¡Ah caballeros! ¿Hay paso?
Don Juan	¿Quién lo pregunta?
3020 Doña Juana	Don Gil.
Caramanchel	Ya son cuatro, y serán mil.
	¡Endiablado está este paso!° *way*
Don Juan	Dos don Giles hay aquí.
Doña Juana	Pues conmigo serían tres.
3025 Doña Inés	¿Otro Gil? ¡Cielos! ¿Cuál es
	el que vive amante en mí?
Don Juan	Don Gil el verde soy yo.
Doña Clara	(*Aparte.*) Ya he vuelto mi miedo en celos.
	A doña Inés ronda. ¡Cielos!
3030	Sin duda que me engañó.
	De él me tengo de vengar.
	(*A ellos.*) Don Gil de las calzas verdes
	soy yo sólo.
Quintana	[*Aparte a* Doña Juana.]
	El nombre pierdes:
	de él te salen a capear° *take off your cape*
	otros tres Giles.
3035 Doña Juana	Yo soy
	don Gil el verde o el pardo.° *brown*
Doña Inés	¿Hay suceso más gallardo?
Don Juan	Guardando este paso estoy;
	o váyanse, o matararelos.
3040 Doña Juana	`¡Sazonada flema a fe!
Quintana	Vuestro valor probaré.
Caramanchel	¡Mueran los Giles!

(`*Echan mano*° *y hiere* Quintana *a* Don Juan)   *draw their swords*

Don Juan	¡Ay, cielos!
	Muerto soy.
Doña Juana	Por que te acuerdes
	de tu presunción, después

3045   di que te hirió a doña Inés
                    don Gil de las calzas verdes.

                    (*Vanse los tres.*)

DOÑA CLARA   [*Aparte.*] Pártome desesperada
                    de celos. ¿Mas no me dio
                    fe y palabra? Harele yo
                    que la cumpla. (*Vase* DOÑA CLARA.)
3050   DOÑA INÉS   Bien vengada
                    de don Juan don Gil me deja.
                    Querrele más desde hoy. (*Vase.*)
CARAMANCHEL   Lleno de don Giles voy.
                    Cuatro han rondado esta reja;
3055   pero el alma enamorada
                    que por suyo me alquiló
                    del purgatorio sacó
                    en su ayuda esta gilada.[66]
                    Ya la mañana serena
3060   amanece. Sin sentido
                    voy. ¡Jesús! ¡Jesús! ¡Que he sido
                    lacayo de un alma en pena!

                ʽ[*El prado de San Jerónimo.*][67]

               (*Sale* DON MARTÍN *vestido de verde.*)

DON MARTÍN   Calles de aquesta Corte, imitadoras
                    del confuso Babel,[68] siempre pisadas°   full of
3065   de mentiras, al rico aduladoras
                    como al pobre severas, desbocadas;°   offensive
                    ʽcasas a la malicia,° a todas horas   bawdy houses

---

66 Word invented by Tirso that can be translated as a "bunch of Giles" (Zamora Vicente 290) or a "Gil-ish plan" (Minter 229).
67 A favorite place of leisure and recreation for people in Madrid.
68 See footnote 17 (Act II)

de malicias y vicios habitadas:
¿Quién a los cielos en mi daño instiga

3070 que nunca falta un Gil que me persiga?
Árboles deste Prado, en cuyos brazos
el viento mece° las dormidas hojas,   rock
de cuyos ramos, si pendieran lazos,
colgara por trofeo mis congojas,

3075 fuentes risueñas, que feriáis° abrazos   bestow
al campo, humedeciendo arenas rojas,
pues sabéis murmurar, vuestra agua diga
que nunca falta un Gil que me persiga.
¿Qué delitos `me imputan,° que parece   they charge me

3080 que es mi contraria hasta mi misma sombra?
A doña Inés adoro. ¿Esto merece
el castigo invisible que me asombra,
que don Gil mis deseos desvanece?
¿Por qué, Fortuna, como yo se nombra?

3085 ¿Por qué me sigue tanto? ¿Es por que diga
que nunca falta un Gil que me persiga?
Si a doña Inés pretendo, un don Gil luego
pretende a doña Inés, y me la quita.
Si me escriben, don Gil me usurpa el pliego

3090 y con él sus quimeras facilita.
Si dineros me libran, cuando llego
hallo que este don Gil cobró la dita.°   money draft
Ya ni sé adónde vaya ni a quién siga,
pues nunca falta un Gil que me persiga.

(*Salen* QUINTANA, DON DIEGO, *viejo, y un* ALGUACIL.)

3095 QUINTANA   Éste es el don Gil fingido
a quien conoce su patria
por don Martín de Guzmán,
y el que ha muerto a doña Juana,
mi señora.

DON DIEGO   ¡Oh, quién pudiera

3100		teñir° las prolijas canas°	dye, white hairs
		en su sangre sospechosa,	
		que no es noble quien agravia!	
		Llegad, señor, y prendelde.°	arrest him
	ALGUACIL	Dad, caballero, las armas.	
	DON MARTÍN	¿Yo?	
	ALGUACIL	Sí.	
	DON MARTÍN	¿A quién?	
3105	ALGUACIL	A la justicia.	
	DON MARTÍN	¿Qué es esto? Hay nuevas marañas?	
		(*Dalas.*)	
		¿Por qué culpas me prendéis?	
	DON DIEGO	¿Ignoras, traidor, la causa,	
		después de haber dado muerte	
3110		a tu esposa malograda?	
	DON MARTÍN	¿A qué esposa? ¿Qué malogros?	
		De esposo le di palabra;	
		partíme luego a esta Corte;	
		dicen que quedó preñada.	
3115		Si de malparir una hija	
		se murió, estando encerrada	
		en San Quirce,[69] ¿tengo yo	
		culpa de esto? Tú, Quintana,	
		¿no sabes la verdad de esto?	
3120	QUINTANA	La verdad que yo sé clara	
		es, don Martín, que habéis dado	
		sin razón de puñaladas	
		a vuestra inocente esposa,	
		y en Alcorcón[70] sepultada	
3125		pide contra vos al cielo,	
		como Abel, justa venganza.	
	DON MARTÍN	¡Traidor! ¡Vive Dios...!	
	ALGUACIL	¿Qué es esto?	
	DON MARTÍN	Que a no hallarme sin espada,	

---

69 See footnote 22 (Act II)

70 See footnote 21 (Act III)

la lengua con que has mentido
3130 y el corazón te sacara.

DON DIEGO   ¿Qué importa, tirano aleve,°   traitor
que niegues lo que esta carta
afirma de tus traiciones?

DON MARTÍN   La letra es de doña Juana.
(*Léela para sí.*)

3135 DON DIEGO   Mira lo que dice en ella.

DON MARTÍN   ¡Jesús! ¡Jesús! ¿Puñaladas
yo a mi esposa en Alcorcón?
¿Yo estuve en Alcorcón?

DON DIEGO   Basta;
deja excusas aparentes.

3140 ALGUACIL   Despacio haréis la probanza,°   prove
señor, de vuestra inocencia,
en la cárcel.

DON MARTÍN   Si quedaba
en San Quirce, como muestran
estas escritas palabras
3145 de su mano y de su firma,
decid, ¿cómo pude darla
la muerte yo en Alcorcón?

DON DIEGO   Porque finges letras falsas
del modo que el nombre finges.

(DON ANTONIO *y* CELIO.)

3150 DON ANTONIO   Ese es don Gil. En las calzas
verdes le conoceréis.

CELIO   Sí, que estos don Gil lo llaman.
La palabra que le distes
a mi prima doña Clara,
3155 señor don Gil, por justicia,
ya que vuestro amor la engaña,
venimos a que cumpláis.

DON DIEGO   Esa es sin duda la dama

	por quien a su esposa ha muerto.	
3160 Don Martín	¿Queréis volverme esa daga?°	dagger
	Acabaré con la vida	
	pues mis desdichas no acaban.	
Don Antonio	Doña Clara os quiere vivo	
	y como a su esposo os ama.	
3165 Don Martín	¿Qué doña Clara, señores?	
	Que no soy yo.	
Don Antonio	¡Buena estaba	
	la excusa! ¿No sois don Gil?	
Don Martín	Así en la Corte me llaman,	
	más no el de las calzas verdes.	
3170 Don Antonio	¿No son verdes esas calzas?	
Celio	O habéis de perder la vida	
	o cumplir palabras dadas.	
Don Diego	Quitarásela el verdugo,°	hangman
	levantando en una escarpia°	spike
3175	su cabeza enredadora	
	antes de un mes en la plaza.	
Celio	¿Cómo?	
Alguacil	Mató a su mujer.	
Celio	¡Oh, traidor!	
Don Martín	¡Oh, si llegara	
	`a dar remate° a mis penas	to put an end
3180	la muerte que me amenaza!	

(FABIO y DECIO.)

Fabio	Ese es el que hirió a don Juan	
	en la pendencia° pasada.	fight
	Con él está un alguacil.	
Decio	La ocasión es extremada.°	ideal
3185	Poned, señor, en la cárcel	
	a este hidalgo.	
Don Martín	¿Hay más desgracias?	
Alguacil	Allá va, pero ¿por qué	

	prenderle los dos me mandan?
FABIO	Hirió a don Juan de Toledo
3190	anoche junto a las casas
	de don Pedro de Mendoza.
DON MARTÍN	¿Yo a don Juan?
QUINTANA	`¡Miren si escampa!`[71]
DON MARTÍN	¿Qué don Juan, cielos? ¿Qué noche,
	qué casa o qué cuchilladas?
3195	¿Qué persecución es esta?
	Mirad, señores, que el alma
	de doña Juana difunta,
	que dicen que en penas anda,
	es quien todos nos enreda.
DON DIEGO	¿Luego habeisla muerto?
3200 ALGUACIL	Vaya
	a la cárcel.
QUINTANA	Aguardad;
	que `se apean°` unas damas to alight from
	de un coche y vienen aprisa
	a dar luz a estas marañas.

(DOÑA JUANA *de hombre*, DON PEDRO, DOÑA INÉS, DOÑA CLARA
de mujer y DON JUAN *con banda al brazo*.)

3205 DOÑA JUANA	¡Padre de los ojos míos!
DON DIEGO	¿Cómo? ¿Quién sois?
DOÑA JUANA	Doña Juana,
	hija tuya.
DON DIEGO	¿Vives?
DOÑA JUANA	Vivo.
DON DIEGO	¿Pues no es tuya aquesta carta?
DOÑA JUANA	Todo fue porque vinieses
3210	a esta Corte donde estaba
	don Martín hecho don Gil,

---

71 Expression that comes from a traditional phrase, "ya escampa y llovían los
guijarros," which means that adversity is followed by more adversity.

y ser esposo intentaba
de doña Inés, a quien di
cuenta de esta historia larga,
3215   y a poner remedio viene
a todas nuestras desgracias.
Yo he sido el don Gil fingido,
célebre ya por mis calzas,
temido por alma en pena,
[*A* DON MARTÍN.]
3220   por serlo tú de mi alma;
dame esa mano.

DON MARTÍN   Confuso
te la beso, prenda cara,
y agradecido de ver
que cesaron por tu causa
3225   todas mis persecuciones.
`La muerte tuve tragada.[72]
Quintana contra mí ha sido.

DOÑA JUANA   Volvió por mi honor Quintana.
DON MARTÍN   (*A* DON DIEGO.) Perdonad mi ingratitud,
señor.
3230   DON DIEGO   Ya padre os enlaza°   embrace
el cuello quien enemigo
vuestra muerte procuraba.

DON PEDRO   Ya nos consta del suceso
y las confusas marañas
3235   de don Gil, Juana y Elvira.
La herida no ha sido nada
de don Juan.

DON JUAN   Antes, por ver
que ya doña Inés me paga
finezas, tengo salud.
3240   DOÑA INÉS   Dueño sois de mí y mi casa.
DON PEDRO   Don Antonio lo ha de ser

---

72 **La muerte...** *I thought I was going to die*

	de la hermosa doña Clara.	
Doña Clara	Engañóme como a todos	
	don Gil de las verdes calzas.	
3245 Don Antonio	Yo medro por él mis dichas,	
	pues vos premiáis mi esperanza.	
Don Diego	Ya, don Martín, sois mi hijo.	
Don Martín	Mi padre que venga falta	
	para celebrar mis bodas.	

(Sale Caramanchel, *lleno de candelillas°*   little candles
el sombrero y calzas, vestido de ʻestampas de santos°   religious cards
con un caldero° al cuello y un hisopo.[73]*)*   basin

3250 Caramanchel	¿Hay quien rece por el alma	
	de mi dueño, que penando	
	está dentro de sus calzas?	
Doña Juana	Caramanchel, ¿estás loco?	
Caramanchel	ʻ¡Conjúrote por las llagas	
3255	del hospital de las bubas,[74]	
	abernuncio,[75] arriedro vayas![76]	
Doña Juana	Necio, que soy tu don Gil.	
	Vivo estoy en cuerpo y alma.	
	¿No ves que trato° con todos	I'm talking
3260	y que ninguno se espanta?	
Caramanchel	Y ¿sois hombre o sois mujer?	
Doña Juana	Mujer soy.	
Caramanchel	Esto bastaba	
	para enredar treinta mundos.	

---

73 Utensil used to scatter Holy Water.

74 **¡Conjúrote por**... *I conjure you by the sores of the hospital for syphilitics.* The hospital of Antón Martín—also known as *hospital de las bubas*—in Madrid was devoted to care for patients with venereal diseases.

75 Expression used to reject the devil.

76 Spanish version of *vade retro satana* [go back, Satan], expression used to reject the devil. See also footnote 43 (Act III).

(Sale Osorio.)

	Osorio	Don Martín, ahora acaba
3265		vuestro padre de apearse.
	Don Pedro	¿De apearse y no en mi casa?
	Osorio	Esperándoos está en ella.
	Don Pedro	Vamos, pues, porque se hagan
		las bodas de todos tres.
3270	Doña Juana	Y porque su historia acaba
		don Gil de las calzas verdes.
	Caramanchel	Y su comedia con calzas.

FIN

Spanish-English Glossary

This glossary includes words and expressions noted in the margins. Each entry includes the word's primary meaning in Tirso's text and in some cases, additional common meanings during the Golden Age. Each entry is followed by the number of the act in which it first appears, in parentheses. Verbs are presented in the infinitive form, with stem changes and unusual forms in parentheses after the entry. Following common practice, adjectives are listed in the masculine singular form, with -a marking the adjectives that end in o.

A

abonar to give credit (II)

aborrecer to detest (**aborrezco** first p. present) (II)

achaque m. ailment (II)

adalid m. vigilant (I)

adular to praise (I)

advertir to notice (**advierto** first p. present; **advirtió** third p. preterit) (II)

afligir(se) to be upset (**me aflijo** first p. present) (II)

afrenta f. affront (III)

agotar to kill (III)

agravio m. offense (I)

aguardar to wait (I)

airoso,-a gallant (I)

alabar to praise (II)

alamico m. diminutive form of álamo: poplar tree (I)

alazán m. sorrel horse (III)

albricias f. pl. reward for good news (II)

alentar to improve (**aliento** first p. present) (I)

aleve m./f. traitor (III)

alguacil m. officer (I)

aliento m. strength (I)

allanar to overcome (I)

alma en pena f. wandering soul (III)

almíbar m. syrup (I)

alquerme m. medical draught (I)

alzar to lift up (**alcé** first p. preterit) (II)
ama f. innkeeper (I)
amansar to calm down (III)
ámbar m. amber (I)
andar en pena to wander in torment (III)
ánima f. soul (II)
anteojos m. pl. eyeglasses (III)
añejo m. cured ham (I)
aovar(se) to swell (II)
apatusco m. accoutrements (II)
apearse (de) to alight from (III)
apercibido,-a ready (I)
apetecer to show interest (II)
aposentado,-a lodged (II)
aprestar to arrange, to ready (I)
apretar to rush, to press (**aprieto** first p. present) (I)
arcada f. nausea (II)
ardid m. trick (I)
arduo,-a hard (I)
arenal m. sandbar (I)
arrayán m. bay tree (I)
arroyo m. stream (I)
asado m. roast (I)
asegurar to remedy (III)
asentar(se) to sit down (**me asiento** first p. present) (I)
asistir to visit (III)
astucia f. ploy (II)
atahona f. mill (I)
atajar to stop (I)
atiplado,-a higher pitched voice (III)

atropellar to violate (the law) (II)
atroz m./f. appalling (III)
avaro,-a meager (I)
(en) ayunas with an empty stomach (I)
azahar m. orange blossom (I)
azar m. fate (I)
azote m. lash (III)

B

barbado,-a bushy bearded (I)
basquiña f. skirt (II)
batir to surrender (I)
beldad f. beauty (II)
belfo,-a thick lipped (I)
bien haya Heaven bless (II)
bizarro,-a outlandish; handsome (I)
blanco m. target (II)
bobada f. nonsense (I)
bolsa f. purse (I)
bonetazo m. superlative form of
bonete: hat; cap (I)
borbollico m. sparkle (I)
bordón m. support (I)
bravo,-a excellent (III)
brincar to jump, **brinqué** first p. preterit (I)
brinquillo m. gem (I)
buey m. oxen (I)
bullir to bubble up; to seethe (I)

C

cabecear to nod (I)
caduco,-a feeble (II)

caldero m. basin (III)
calidad f. rank (II)
calzas f. pl. breeches (I)
cana f. white hair (III)
candeal m./f. white (I)
candelilla f. diminutive form of candela: candle (III)
capear to take someone's cape at night by force (III)
capón m. capon; sexless youth (I)
carilleno,-a chubby cheeked (I)
caro,-a dear (II)
carta de favor f. presentation/ recommendation letter (II)
cartapacio m. small case (I)
casa a la malicia f. bawdy house (III)
casa de solar f. family house (III)
caso m. scheme (I)
casta f. blood line (III)
caudal m. wealth (II)
cauteloso,-a cautious (I)
cayado m. crook (I)
cazolero,-a a person from Valladolid (I)
cebada f. barley (I)
cebar to fuel (III)
celemín m. peck (I)
cenojil m. garter (I)
chanza f. joke; jest (II)
chanzoneta f. well worn joke (I)
chapín m. cork-soled clog (I)
chinche m. lice (I)
chitón say no more (III)

cientos m. pl. game of cards (I)
civil m./f. cunning (I)
clerigón m. pot belly priest (I)
cobrar afición to like, to become interested (I)
codicia f. greed (II)
codiciado,-a coveted (III)
colmado,-a fill to the brim (I)
comisión f. assignation (I)
conciencia f. honesty (I)
confirmar(se) to confirm (Catholic ritual) (I)
congoja f. woe (I)
conjetura f. speculation (I)
conjurar to make someone promise something; to avert; to exorcize (I)
consumirse to debilitate oneself (I)
contingencia f. risk; contingency, eventuality (II)
contradecir to thwart (**contradigo** first p. present) (III)
contrario,-a enemy (III)
convidado,-a to be invited/to be a guest (I)
corito,-a a person from Asturias (II)
coronista m. cronista; chronicler (I)
correr la voz to gossip (II)
correrse to be ashamed of (I)
cosquilloso,-a ticklish (I)
coz f. clout (III)
crédito m. good name (I)

cuadrar to meet the standards; to balance; to fit in with something (II)
cuerdo,-a wise (I)
cuidado m. predicament (II)

D
daga f. dagger (III)
damaza f. lady (II)
dar certidumbre to prove (**doy** first p. present; **di** first p. preterit) (II)
dar cuenta to tell (III)
dar enojo to cause distress (II)
dar en servir to pay court (I)
dar por señas to single out (II)
dar quejas to moan (II)
dar remate to put an end (III)
dar un vuelco to leap (I)
demanda f. courtship (III)
desarraigar to uproot (**desarraigué** first p. preterit) (I)
desatinado,-a bewildered (II)
desatinar to mislead (II)
desbocado,-a offensive (III)
desdeñar to reject (I)
desdichado,-a unlucky (I)
deslumbrar to dazzle (I)
desmenuzar to finely grind (**desmenuzco** first p. present; **desmenucé** first p. preterit) (I)
desojado,-a with eyes wide open (I)
despachar to end (III)
despensero m. butler (I)

desposado,-a engaged (I)
desposorio m. wedding (II)
desprender(se) to get rid of (III)
(a) destajo with determination and effort (I)
desvanecer (a alguien) to confuse someone; to vanish (**desvanezco** first p. present) (II)
desvelo m. sleepless night (III)
determinación f. resolution (I)
deudo m. kinship (I)
dicha f. happiness (I)
dichoso,-a fortunate (II)
difunto, m. deceased (III)
dilatar to delay (II)
diligencia f. effort (I)
discreción f. wise judgment (III)
disponer to lay (**dispongo** first p. present; **dispuse** first p. preterit) (III)
dita f. money draft (III)
doblez m. fold (III)
doblón m. doubloon (I)
donaire m. charm (I)
doncella f. virgin maid (II)
doncella de labor f. house maid (II)
dote f. dowry (II)
ducado m. ducat (I)
duende m. goblin (II)
dueña f. duenna (II)

E
echar mano (de la espada) to draw the sword (III)

egroto m. sick person (I)

embaucar to bemuse (I) (**embauqué** first p. preterit)

embeleco m. humbug (I)

embuste m. lie (I)

empalagar to cloy (**empalagué** first p. preterit) (III)

empedrado,-a paved (I)

empeñar to pawn (II)

empleo m. advance (III)

encajar to give; to pay (I)

encajarse to put on (II)

encanto m. witchcraft (III)

encarecer to crown (**encarezco** first p. present) (I)

encomendar (a alguien) to entrust someone (**encomiendo** first p. present) (II)

encubrir to cover up (I)

engañador,-a deceiver (III)

engomado,-a perfumed (I)

engomar to wax (I)

enlazar to embrace (**enlacé** first p. preterit) (III)

enredador,-a troublemaker (II)

enredar to tangle up (II)

enrizar to curl (**enricé** first p. preterit) (I)

ensalzar to praise (**ensalcé** first p. preterit) (I)

entallar to fit (III)

escarmiento m. lesson learned from a mistake (II)

escarola f. lettuce (I)

escarpia f. spike (III)

escudero m. squire (II)

escudo m. ducat (II)

(a) escuras a oscuras, in the dark (I)

espantarse to be overwhelmed (II)

espanto m. dismay (II)

esplén m. spleen (I)

estampa (de santos) f. religious card (III)

estorbar to prevent; to obstruct (I)

estrago m. damage (II)

estribo m. step (I)

examinar to enquire (I)

excusado,-a idle (I)

expositor m. critic (I)

extremado,-a beautiful (I); ideal (III)

F

falta f. offense (I)

faltriquera f. pocket (II)

familiar m. demon (I)

felpa f. velvet (I)

feriar to bestow (III)

fiarse (de alguien) to trust someone (I)

fingir to fake; to pretend (**finjo** first p. present) (II)

firmeza f. faithfulness (I)

flato m. flatus (I)

forastero m. foreigner (I)

frenesí m. frenzy (I)

fundar to anticipate (III)

G

gaje m. reward (III)
gala f. fancy clothing (I)
galeno m. Greek doctor (I)
gallardo,-a attractive (III)
garrotillo m. diphtheria (I)
gentil m./f. gentle (I)
ginovés,-a a person from Genoa (I)
girón m. small part (III)
gorgorán m. grogram (I)
granjear to gain (II)
grueso,-a rough (III)
guardajoyas m. jewelry box (I)
guarnición f. garnish (I)

H

hacer alarde to show off (**hago** first p. present; **hizo** first p. preterit) (I)
hacer cuenta to settle up (III)
hacer merced (a alguien) to honor someone (I)
hacienda f. wealth (I)
hado m. fate (I)
hallazgo m. reward (II)
harto,-a plenty (II)
hazaña f. deed (II)
hechicero,-a sorcerer (II)
hépate m. liver (I)
hisopo m. hyssop (III)
hogaño in a year (I)
holear to call with insistence (III)

holgarse to be glad (**huelgo** first p. present; **holgué** first p. preterit) (III)
huerta f. garden (I)
humor m. disposition (II)
hurtar to steal (I)

I

ilustrar to distinguish (II)
inclinación f. will (II)
inclinar to hang (refers to how clothing fits) (III)
industria f. plot (I)
infame m./f. scoundrel (III)
ingenio m. wit (II)
inorme m./f. wicked (I)
insigne m./f. famed (I)
irremissible m./f. rigid (I)

J

joyel m. jeweled garland (I)
jugar to gamble (**juego** first p. present) (II)

L

lacayo m. lackey (I)
lampiño,-a beardless (III)
lance m. matter (II)
letrado m. lawyer (I)
letüario m. medicinal draught (I)
libranza f. bill of exchange (II)
linaje m. lineage (II)
lince m. lynx (eyed) (I)
liviandad f. looseness (I)
liviano,-a lightly (I)

lograr to enjoy (I)
lonja f. slice (I)
lucio,-a clear-thinker (I)
luto m. grief; mourning (II)
M
majadero,-a fool (I)
malograr to ruin (I)
mal parto m. miscarriage (III)
manido,-a leftover (I)
manjar m. delicacy (III)
manso,-a meek (III)
manto m. shawl (I)
maraña f. imbroglio (I)
marfil m. ivory (I)
mecer to rock (**mezo** first p.
    present) (III)
medianero,-a go between (II)
menosprecio m. scorn (II)
menudos m. pl. small pieces
    (III)
mercader m. merchant (II)
mercar to buy (**merqué** first p.
    preterit) (II)
mesón m. tavern (II)
moscatel m. naïve (I)
mozo m. servant (I)
mudanza f. fickleness (I)
mudar(se) to change (I)
murta f. myrtle (I)

N
nones no way

O
obligación f. commitment (II)
ocasión f. fate (II)

ocurrencia f. matter (II)
ofuscar to spoil (**ofusqué** first p.
    preterit) (II)
ojeras f. pl. black circles under
    the eye (I)
ojo m. watch out (II)
olla f. stew (I)
opilado,-a congested (I)
opimo,-a abundant (I)
(de) opinión with prestige (I)
opuesto,-a rival (I)
ordinario m. usually (I)
orinal m. chamber pot (I)
ornato m. furniture (II)
osado,-a bold (III)
osar to dare (II)

P
paje m. page (I)
papel m. love note (I)
pardo,-a brown (III)
parentesco m. kinship (I)
parir to give birth (II)
parra f. vine (I)
pasito calm down (II)
paso m. way (III)
pellico m. sheepskin (I)
pelón m. penniless knight (I)
pendencia f. fight (III)
perder el sentido to loose one's
    head (**pierdo** first p. present)
    (II)
perder el seso to go mad (I)
perejil m. parsley (I)
pesar m. sorrow (I)

picar to burn (**piqué** first p. preterit) (III)

pisado,-a full of (figurative sense); stepped on (III)

pitanza f. pittance (I)

pleitante m./f. plaintiff (I)

pliego m. parcel, letter (II)

polla f. game of cards (I)

ponderar to ponder (I)

poner en contingencia to risk (**pongo** first p. present; **puse** first p.preterit)

porfiar to insist (I)

posada f. inn (I)

postizo,-a fake (II)

postrero,-a latter (I)

pregonar to announce publicly (I)

prenda (amada) f. beloved (I)

prender (a alguien) to arrest someone (III)

presagio m. omen (II)

presto pronto (I)

pretender to woo (II)

pretendiente m. suitor (III)

pretensión f. business (II)

prevenir postas to saddle horses (**prevengo** first p. present) (I)

preñada f. pregnant (I)

probanza f. prove (III)

pródigo,-a generous (I)

pronóstico m. prediction (II)

provecho m. purpose (III)

pundonor m. honor (II)

(al) punto instantly (II)

punto en boca say nothing (III)

purgar to purge (**purgué** first p. preterit) (I)

puñalada f. stab (III)

Q

querella f. grievance (III)

querub m. cherub (I)

quilo m. chyle (I)

quimera f. scheme (II)

quodlibeto m. manual (I)

R

racimo m. cluster (I)

ración y quitación f. salary (I)

rapaz m. boy (I)

rasgado,-a torn (II)

real m. low value coin (I)

rebozado,-a muffled up (III)

recelo m. suspicion (III)

receta f. prescription (I)

recrear to bring joy (III)

recreo m. enjoyment (I)

red f. grille (III)

reducido,-a subdued (II)

regalado,-a sweet (III)

regocijar(se) to rejoice at something (I)

relieve m. scrap (III)

rematar to end (I)

remitir to enclose (II)

rendir(se) to give up (III)

renglón m. line (II)

reparar to dwell (I)

requemado,-a burned (II)

resabido,-a shrewd (III)

retozar to play (with an erotic connotation) (**retocé** first p. preterit)(I)

revolver to go through; to rummage through (I)

reñir to challenge into a duel (II)

rocín m. nag (I)

rondar to do the rounds in order to court someone (I)

ruin m./f. despicable (III)

S

sacar de juicio (a alguien) to drive someone mad (**saqué** first p. preterit) (I)

salmo m. hymn (II)

sangrar (a alguien) to bleed someone (I)

Santo Oficio m. Holy Inquisition (I)

saya f. gown (III)

sazón f. flavor; seasoning (I)

sembrar to sow (**siembro** first p. present) (II)

semejanza f. resemblance (II)

sequedad f. aloofness (III)

serafín m. angel (I)

servicio m. servants (II)

seso m. wit (II)

sinrazón f. wrong (II)

soberbio,-a superb (I)

sobra f. scrap (III)

sobrescrito m. letter or parcel address (II)

solicitar to woo (III)

sosegar to rest (**sosiego** first p. present; **sosegué** first p. preterit) (I)

sotanilla f. cape (II)

sucesor,-a heir (II)

T

tabí m./f. silk (I)

talle m. looks (I)

tarbardillo m. typhus (I)

templar to cool off (III)

tenazas m. pl. tongs (I)

tener (a alguien) to hold; to take (**tengo** first p. present; **tuve** first p. preterit) (I)

teñir to dye (**tiño** first p. present; **tiñió** third p. preterit) (III)

tiple m. unbroken voice (I)

título m. nobleman (I)

toca f. bonnet (III)

tomar estado to get married (II)

tomar estado (de religiosa) to become a nun (II)

tomar la posta to rent a horse (II)

tomar satisfacción to take revenge (III)

toparse (con alguien) to bump into someone (II)

tornar to return; go back (I)

toronjil m. lemon balm (I)

torpe m./f. clumsy (II)

trasladar to transfer (I)

traslado m. duplicate (II)

tratar (con alguien) to talk to someone (III)

trazar to plot (**tracé** first p. preterit) (III)

trocar to trade, to exchange (**trueco** first p. present; **troqué** first p. preterit) (I)

trueco m. scheme (II)

U

umbral m. doorstep; threshold (I)

usté usted (I)

V

varonil m./f. manly (III)

vejez aged father (I); old trick (II)

velar to keep constant watch (I)

venderse (a alguien) to pretend to be someone else (II)

veneno m. poison (I)

ventura f. good fortune (III)

verdugo m. hangman (III)

vieja de honor f. housekeeper (II)

villancico m. rustic ballad (I)

villano,-a unworthy (II)

vítreo,-a vitreous (I)

vituperio m. great shame (II)

vuelco m. leap (I)

Printed in the USA
CPSIA information can be obtained
at www.ICGtesting.com
JSHW081047011224
74551JS00001B/87